네이티브가 **가장 많이 쓰는** 진짜 일본어 회화

GO! 독학
일본어
일상 표현
222

매일
딱10분만!

후지이 와카나 지음

GO! 독학 일본어 일상 표현 222

초판 2쇄 발행 2024년 4월 2일

지은이 후지이 와카나
펴낸곳 (주)에스제이더블유인터내셔널
펴낸이 양홍걸 이시원

홈페이지 japan.siwonschool.com
주소 서울시 영등포구 영신로 166 시원스쿨
교재 구입 문의 02)2014-8151
고객센터 02)6409-0878

ISBN 979-11-6150-801-6
Number 1-310201-25250021-09

저자의 말

안녕하세요. 후지이입니다.

「習うより慣れよ」라는 일본 속담을 아시나요? 사실 한국에도 비슷한 속담이 있어요. 한국어로는 '연습이 완벽함을 만든다'는 뜻이에요. 꾸준한 연습과 반복적인 훈련을 통해 익숙해지는 것이 습득이 빠르다는 의미이죠. 어학을 습득할 때 중요한 것은 익숙해지는 것이라고 생각해요.

'공부는 했는데 왜 자연스럽게 일본어를 내뱉지 못할까?'라고 느끼는 초급 학습자들이 많을 거예요. 그것은 배운 내용을 실제로 활용할 기회가 적기 때문이고, 활용할 기회가 없으니 당연히 익숙해질 수도 없다고 생각해요.

이 책의 특징은 적은 양부터 천천히 익숙해질 수 있다는 점이에요. 단어로 시작해서 단어와 단어를 연결하고, 그것이 조금씩 문장이 되어 가는 과정을 학습하는 것이죠. 아무리 어휘량이 많아도 그것의 활용 방법이나 같이 자주 사용하는 동사나 조사 등을 모르면 제대로 사용할 수 없어요.

이 책은 아침부터 저녁까지의 하루 일과 중 일상 생활에서 네이티브가 실제로 가장 많이 쓰는 진짜 일본어 표현, 그리고 책이나 학원에서는 잘 알려주지 않는 반말체로 문장을 만들었어요. 통째로 외워서 친구들과 이야기할 때나 SNS에 글을 올릴 때 활용해 보세요.

마지막으로 제가 외국어를 공부했을 때 효과를 느낀 연습 방법을 말씀드리자면 음원을 들으며 문장을 몇 십번씩 소리 내어 읽고 외운 후, 제 목소리를 실제로 녹음하는 것이었어요. 녹음을 함으로써 스스로의 발음을 확인할 수도 있고 실제로 말할 때와 같은 긴장감도 느낄 수 있거든요. 이 책으로 꼭 일본어를 꾸준히 연습해서 일본어에 익숙해지기를 바랄게요.

皆さん、頑張ってください (여러분, 파이팅하세요)!

후지이 다카나

목차

바쁘다 바빠, 분주한 오전 시간

24시간이 모자라, 치열한 오후 시간

소소하지만 확실한 행복 저녁 시간

이렇게 만들었어요

1 네이티브가 가장 많이 쓰는 일본어 일상 표현 222개를 담았어요!

'GO! 독학 일본어 표현' 시리즈는 일상 표현과 상황 표현, 총 2권으로 구성되어 있습니다. 식사, 운동, 쇼핑, 연애, 공부, 휴가, 캠핑, 병원 진료 등 다양하고 생생한 주제로 일본어를 보다 재미있고 자연스럽게 익힐 수 있습니다.

◦ 주제별 일상 표현   ◦ 주제별 상황 표현
   + 호응 표현 222개   + 호응 표현 222개

2 하루에 딱 11개 표현만 외우세요!

본 교재는 주제별로 하루에 11개 표현을 학습할 수 있도록 구성하였습니다. 하루에 정해진 표현을 20일간 집중하여 학습하면, 일본어 말하기 실력을 탄탄히 다질 수 있습니다.

✔ 하루에 11개 표현을 매일 학습하세요!
　단, 학습자의 성향에 맞게 학습 속도를 조절하시면 됩니다.

✔ 20일 동안 끝까지 한 번 학습했다면, 다시 처음으로 돌아가서 보고, 듣고, 읽고, 쓰면서 반복
　학습해 보세요. 학습 효과를 극대화할 수 있어요.

3 체계적이고 탄탄하게 학습해요!

총 6단계에 맞춰 학습과 복습을 반복하며 체계적이고 단계적으로 말하기 훈련을 할 수 있도록 설계했습니다.

4 이 순서대로 학습해요!

STEP 1 원어민 선생님의 강의를 들으며 일상과 밀접한 일본어 표현을 학습합니다.

STEP 2 강의에서 학습한 내용을 교재로 다시 한번 학습하며 일본어 말하기 연습을 합니다.

STEP 3 학습한 일본어 주요 문장을 직접 쓰면서 문장을 내 것으로 만듭니다.

STEP 4 언제 어디서든 편하게 영상을 보고 들으며 말하기 훈련을 합니다.

이 책을 효과적으로 학습하는 방법

1단계 주제별 단어로 혼자서도 충분하다!

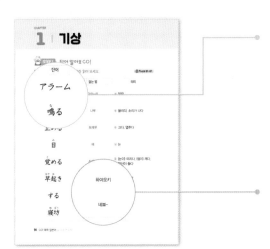

단어 알아보GO!

학습의 편의를 위해 일상 생활에서 꼭 필요한 일본어 단어만을 모아 주제별로 정리했어요. 일본어 단어의 읽는 법과 뜻을 참고하여 일본어 단어를 빠르게 익혀 보세요.

실제 일본어 발음과 가장 가까운 발음 표기로 왕초보 학습자들도 쉽고 정확하게 학습할 수 있어요.

2단계 덩어리 표현으로 빠르게 어휘력을 늘린다!

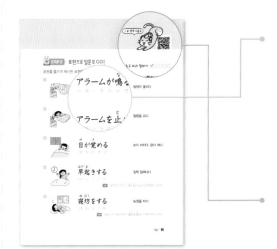

표현으로 말문 트GO!

일본어를 덩어리 표현으로 외우면 표현의 쓰임을 이해하기 쉽고 자연스럽게 일본어를 습득할 수 있어요. 100개의 호응 표현으로 일본어를 보다 재미있게 학습해 보세요.

각 챕터에 제시된 QR 코드를 스캔하면 언제 어디서든 편하게 음원을 들을 수 있어요.

3단계 배운 내용 바로바로 확인하고 학습 효과 2배로 올린다!

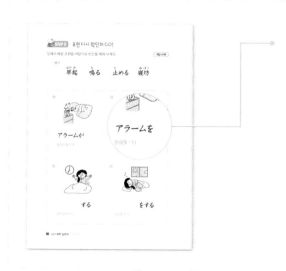

표현 다시 확인하GO!

제시된 보기를 보고 빈칸에 들어갈 알맞은 답을 채워 넣어 보세요. 앞에서 배운 내용을 제대로 숙지했는지 바로바로 확인하고 중간 점검을 할 수 있어요.

 4단계 하루 10분이면 일본인과 말할 수 있다!

말하기 연습하GO!

앞에서 학습한 호응 표현을 문장으로 자연스럽게 익혀 보세요. 단어나 덩어리 표현이 문장에서 어떻게 활용되는지 한눈에 볼 수 있어 이해하기가 쉬워요.

🎧 느리게 속도와 보통 속도의 원어민 MP3 음원으로 말하기 훈련을 할 수 있어요.

5단계 쓰고 말할 수 있어야 진정 내 것이 된다!

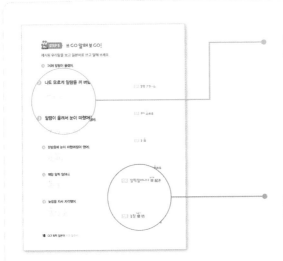

쓰GO 말해 보GO!

제시된 우리말 해석을 보며 일본어를 직접 쓰고 크게 말해 보세요. 쓰고 말하다 보면 내용을 완전히 숙지할 수 있어요.

힌트 단어를 참고해서 문장을 쓰고 말해 보세요.

 6단계 연습만이 살길이다!

연습 문제로 실력 다지GO!

듣기, 말하기, 읽기, 쓰기 모든 영역을 아우르는 다양한 연습 문제를 풀어 보며 자신의 실력을 최종 확인할 수 있어요.

아낌없이 주는 알찬 부가 자료

 일본어 쓰기 노트

60개의 핵심 문장을 꾸준히 쓰면서 훈련하는 나만의 일본어 쓰기 노트예요. 직접 써 봄으로써 일본어 학습의 재미를 한층 더 느껴 보세요.

GO! 독학 일본어 일상 표현 222
말하기 트레이닝

유튜브에 'GO! 독학 일본어 일상 표현 222'를 검색하여 시청 가능해요.

 말하기 트레이닝 영상

통암기가 가능한 말하기 트레이닝 영상으로 반복 훈련하며 실력을 한 단계 업그레이드해 보세요.

전체 음원 QR   MP3

시원스쿨 일본어(japan.siwonschool. com) 홈페이지 로그인 ▶ 학습지원센터 ▶ 공부자료실 ▶ 도서명 검색한 후 무료로 다운로드 가능합니다.

 속도별 MP3 음원

자신의 수준에 맞게 학습할 수 있도록 느리게와 보통 속도의 원어민 MP3 음원을 제공해요. 느린 속도로 들어 보며 원어민의 정확한 발음을 따라 연습해 보고, 보통 속도로 들어 보며 실제 원어민의 속도에 가깝게 말하기 훈련을 해 보세요.

학습 계획표

🐾 20일 학습 플랜

일차		학습 내용	학습 날짜
1주	1일	기상	월 / 일
	2일	세수	/
	3일	아침	/
	4일	외출	/
	5일	이동	/
2주	6일	대학	/
	7일	회사	/
	8일	점심	/
	9일	카페	/
	10일	업무	/
3주	11일	공부	/
	12일	스마트폰	/
	13일	SNS	/
	14일	가사	/
	15일	저녁	/
4주	16일	운동	/
	17일	영화	/
	18일	쇼핑	/
	19일	연애	/
	20일	취침	/

🐾 40일 학습 플랜

일차	1일	2일	3일	4일
학습 내용		가상		세수
학습 날짜	월 / 일	/	/	/
일차	5일	6일	7일	8일
학습 내용		아침		외출
학습 날짜	/	/	/	/
일차	9일	10일	11일	12일
학습 내용		이동		대학
학습 날짜	/	/	/	/
일차	13일	14일	15일	16일
학습 내용		회사		점심
학습 날짜	/	/	/	/
일차	17일	18일	19일	20일
학습 내용		카페		업무
학습 날짜	/	/	/	/
일차	21일	22일	23일	24일
학습 내용		공부		스마트폰
학습 날짜	/	/	/	/
일차	25일	26일	27일	28일
학습 내용		SNS		가사
학습 날짜	/	/	/	/
일차	29일	30일	31일	32일
학습 내용		저녁		운동
학습 날짜	/	/	/	/
일차	33일	34일	35일	36일
학습 내용		영화		쇼핑
학습 날짜	/	/	/	/
일차	37일	38일	39일	40일
학습 내용		연애		취침
학습 날짜	/	/	/	/

1 | 기상

STEP 1 단어 알아보 GO!

음원을 들으며 제시된 단어를 따라 읽어 보세요.

🎧 **Track 01-01**

단어	읽는 법	의미
アラーム	아라–무	명 알람
鳴る	나루	동 울리다, 소리가 나다
止める	토메루	동 끄다, 멈추다
目	메	명 눈
覚める	사메루	동 (눈이) 떠지다, (잠이) 깨다, 정신이 들다
早起き	하야오키	명 일찍 일어남
する	스루	동 하다
寝坊	네보–	명 늦잠

 STEP 2 표현으로 말문 트 GO!

듣고 따라 말하기 ☑○○○○

음원을 들으며 제시된 표현을 따라 읽어 보세요.

🎧 Track 01-02

①
アラームが鳴(な)る
아 라 - 무 가 나 루

알람이 울리다

②
アラームを止(と)める
아 라 - 무 오 토 메 루

알람을 끄다

③
目(め)が覚(さ)める
메 가 사 메 루

눈이 떠지다, 잠이 깨다

④
早起(はやお)きする
하 야 오 키 스 루

일찍 일어나다

TIP '일찍 일어나다'는 早(はや)く起(お)きる라고도 표현할 수 있어요.

⑤
寝坊(ねぼう)をする
네 보 - 오 스 루

늦잠을 자다

TIP '늦잠을 자다'를 직역해서 寝坊(ねぼう)を寝(ね)る라고 표현하면 안 돼요.

앞에서 배운 표현을 바탕으로 빈칸을 채워 보세요.

정답 p136

보기

はや お	な	と	ね ぼう
早起き	鳴る	止める	寝坊

① アラームが ▭
알람이 울리다

② アラームを ▭
알람을 끄다

③ ▭ する
일찍 일어나다

④ ▭ をする
늦잠을 자다

반복 훈련하기 ☑○○○○

앞에서 배운 표현을 참고하여 확장된 문장을 따라 읽어 보세요.

느리게
🎧 Track 01-03

보통
🎧 Track 01-04

① ７時にアラームが鳴った。

시치 지 니 아 라 - 무 가 낫 타

TIP 작은 つ 발음은 뒤에 오는 글자에 따라 'ㄱ, ㅂ, ㅅ' 받침으로 발음이 달라지므로 주의해야 해요.

② ついアラームを止めてしまった。

츠 이 아 라 - 무 오 토 메 테 시 맛 타

TIP ~てしまった는 '~해 버렸다'라는 뜻으로 부주의하여 어떤 일을 실수로 저질렀을 때 사용해요.

③ アラームが鳴って目が覚めた。

아 라 - 무 가 낫 테 메 가 사 메 타

④ 夜中に目が覚めた。

요 나카 니 메 가 사 메 타

⑤ 毎日早起きする。

마이 니치 하야 오 키 스 루

⑥ 寝坊をして遅刻した。

네 보- 오 시 테 치 코쿠 시 타

우리말 해석은 다음 페이지

🔖 **새단어**

７時に 시치지니 7시에 | つい 츠이 🖲 나도 모르게 | ~てしまう ~테시마우 ~해 버리다 | 夜中に 요나카니
한밤중에 | 毎日 마이니치 🖲 매일 | 遅刻する 치코쿠스루 🖲 지각하다

기상 **17**

제시된 우리말을 보고 일본어로 쓰고 말해 보세요.

① 7시에 알람이 울렸어.

しち じ
7時に

힌트 알람 アラーム

② 나도 모르게 알람을 꺼 버렸어.

つい

힌트 끄다 と止める

③ 알람이 울려서 눈이 떠졌어(잠이 깼어).

アラームが

힌트 눈 め目

④ 한밤중에 눈이 떠졌어(잠이 깼어).

よ なか
夜中に

힌트 (눈이) 떠지다 さ覚める

⑤ 매일 일찍 일어나.

まい にち
毎日

힌트 일찍 일어남 はや お早起き

⑥ 늦잠을 자서 지각했어.

ね ぼう
寝坊を

힌트 지각하다 ち こく遅刻する

STEP 6 연습 문제로 실력 다지GO!

1 음원을 듣고 단어를 받아 써 보세요.　　　　　　　　　　　　🎧 Track 01-05

　❶　　　　　　　　　　　　　　　❷

　❸　　　　　　　　　　　　　　　❹

2 음원을 듣고 문장을 받아 써 보세요.　　　　　　　　　　　　🎧 Track 01-06

　❶

　❷

3 빈칸에 들어갈 알맞은 표현을 써 보세요.

　❶ 　　ついアラームを　　　　　　　　　　　　　。

　　　나도 모르게 알람을 꺼 버렸어.

　❷ 　　　　　　　　　　　　　　　遅^ち刻^{こく}した。

　　　늦잠을 자서 지각했어.

　　　　　　　　　　　　　　　　　　　정답 p136

2 | 세수

 STEP 1 단어 알아보 GO!

음원을 들으며 제시된 단어를 따라 읽어 보세요.   🎧 Track 02-01

단어	읽는 법	의미
かお 顔	카오	명 얼굴
あら 洗う	아라우	동 (얼굴을) 씻다, (머리를) 감다
け 毛	케	명 털
そる	소루	동 깎다
シャワー	샤와–	명 샤워
あ 浴びる	아비루	동 뒤집어쓰다
かみ 髪	카미	명 머리카락
かわ 乾かす	카와카스	동 말리다
は 歯	하	명 이, 치아
みが 磨く	미가쿠	동 닦다

STEP 2 표현으로 말문 트 GO!

듣고 따라 말하기 ☑○○○○

음원을 들으며 제시된 표현을 따라 읽어 보세요.

🎧 Track 02-02

①

<ruby>顔<rt>かお</rt></ruby>を<ruby>洗<rt>あら</rt></ruby>う

카오 오 아라 우

얼굴을 씻다, 세수를 하다

②

<ruby>毛<rt>け</rt></ruby>をそる

케 오 소 루

털을 깎다

③

シャワーを<ruby>浴<rt>あ</rt></ruby>びる   샤워를 하다

샤 와 - 오 아 비 루

TIP '샤워를 하다'는 シャワーをする라고도 표현할 수 있지만 일본에서는 シャワーを<ruby>浴<rt>あ</rt></ruby>びる라는 표현을 더 자주 사용해요.

④

<ruby>髪<rt>かみ</rt></ruby>を<ruby>乾<rt>かわ</rt></ruby>かす

카미 오 카와 카 스

머리카락을 말리다

TIP '머리를 말리다'는 <ruby>頭<rt>あたま</rt></ruby>を<ruby>乾<rt>かわ</rt></ruby>かす라고 하면 돼요.

⑤

<ruby>歯<rt>は</rt></ruby>を<ruby>磨<rt>みが</rt></ruby>く

하 오 미가 쿠

이를 닦다

앞에서 배운 표현을 바탕으로 빈칸을 채워 보세요.

정답 p136

보기

け　　　　　　　　　み が　　　　　　　　　　　か お　　　　　　　　　か み
毛　　　　　磨く　　　　　顔　　　　　髪

① ＿＿＿＿を洗う

　　　　　あ ら
얼굴을 씻다, 세수를 하다

② ＿＿＿＿をそる

털을 깎다

③ ＿＿＿＿を乾かす

　　　　　か わ
머리카락을 말리다

④ 歯を＿＿＿＿

　　は
이를 닦다

 **STEP 4** 말하기 연습하GO!

반복 훈련하기 ☑◯◯◯◯

앞에서 배운 표현을 참고하여 확장된 문장을 따라 읽어 보세요.

느리게 🎧 Track 02-03　　보통 🎧 Track 02-04

① きれいに顔<ruby>顔<rt>かお</rt></ruby>を<ruby>洗<rt>あら</rt></ruby>う。

키 레 – 니 카오 오 아라 우

② ひげをそった。

히 게 오 솟 타

③ <ruby>朝<rt>あさ</rt></ruby>にシャワーを<ruby>浴<rt>あ</rt></ruby>びる。

아사 니 샤 와 – 오 아 비 루

④ ドライヤーで<ruby>髪<rt>かみ</rt></ruby>を<ruby>乾<rt>かわ</rt></ruby>かす。

도 라 이 야 – 데 카미 오 카와 카 스

⑤ <ruby>歯<rt>は</rt></ruby>を<ruby>磨<rt>みが</rt></ruby>いてから、<ruby>髪<rt>かみ</rt></ruby>を<ruby>洗<rt>あら</rt></ruby>う。

하 오 미가 이 테 카 라　카미 오 아라 우

⑥ <ruby>歯<rt>は</rt></ruby>を<ruby>磨<rt>みが</rt></ruby>いてから、<ruby>顔<rt>かお</rt></ruby>を<ruby>洗<rt>あら</rt></ruby>う。

하 오 미가 이 테 카 라　카오 오 아라 우

 우리말 해석은 다음 페이지

📕 **새단어**

きれいに 키레-니 ⊕ 깨끗하게 | ひげ 히게 ⑨ 수염 | <ruby>朝<rt>あさ</rt></ruby> 아사 ⑨ 아침 | ドライヤー 도라이야- ⑨ 드라이어 |

~で ~데 ㉜ ~(으)로(수단, 방법) | ~てから ~테카라 ~하고 나서

세수 **23**

STEP 5 ▸ 쓰 GO 말해 보 GO!

제시된 우리말을 보고 일본어로 쓰고 말해 보세요.

1 깨끗하게 세수해.

きれいに

> 힌트 (얼굴을) 씻다 <ruby>洗<rt>あら</rt></ruby>う

2 수염을 깎았어.

ひげを

> 힌트 깎다 そる

3 아침에 샤워를 해.

<ruby>朝<rt>あさ</rt></ruby>に

> 힌트 샤워 シャワー

4 드라이어로 머리를 말려.

ドライヤーで

> 힌트 말리다 <ruby>乾<rt>かわ</rt></ruby>かす

5 이를 닦고 나서 머리를 감아.

<ruby>歯<rt>は</rt></ruby>を

> 힌트 닦다 <ruby>磨<rt>みが</rt></ruby>く

6 이를 닦고 나서 세수해.

<ruby>歯<rt>は</rt></ruby>を

> 힌트 ~하고 나서 ~てから

STEP 6 연습 문제로 실력 다지GO!

1 음원을 듣고 단어를 받아 써 보세요.

🎧 Track 02-05

①   ②

③   ④

2 음원을 듣고 문장을 받아 써 보세요.

🎧 Track 02-06

①

②

3 빈칸에 들어갈 알맞은 표현을 써 보세요.

①

아침에 샤워를 해.

を浴びる。

②

드라이어로 머리를 말려.

髪を乾かす。

정답 p136

세수 **25**

3 | 아침

STEP 1 단어 알아보 GO!

음원을 들으며 제시된 단어를 따라 읽어 보세요.

🎧 Track 03-01

단어	읽는 법	의미
朝<small>あさ</small>ご飯<small>はん</small>	아사고항	명 아침(밥)
食<small>た</small>べる	타베루	동 먹다
プロテイン	프로테잉	명 프로틴
飲<small>の</small>む	노무	동 마시다
ダイエット	다이엣토	명 다이어트
食<small>しょく</small>欲<small>よく</small>	쇼쿠요쿠	명 식욕
ない	나이	い형 없다
ぬく	누쿠	동 거르다

3과 생생 사운드

 STEP 2 표현으로 말문트 GO!

듣고 따라 말하기 ☑○○○○

음원을 들으며 제시된 표현을 따라 읽어 보세요.

🎧 **Track 03-02**

❶

<ruby>朝<rt>あさ</rt></ruby>ご<ruby>飯<rt>はん</rt></ruby>を<ruby>食<rt>た</rt></ruby>べる
아사 고 항 오 타 베 루

아침(밥)을 먹다

TIP 우리말과 다르게 일본어 <ruby>朝<rt>あさ</rt></ruby>(아침)에는 '밥'의 의미가 포함되어 있지 않으므로
'아침밥'은 반드시 <ruby>朝<rt>あさ</rt></ruby>ご<ruby>飯<rt>はん</rt></ruby>이라고 해야해요.

❷

プロテインを<ruby>飲<rt>の</rt></ruby>む
프 로 테 잉 오 노 무

프로틴을 마시다

❸

ダイエットする
다 이 엣 토 스 루

다이어트하다

❹

<ruby>食欲<rt>しょくよく</rt></ruby>がない
쇼쿠요쿠 가 나 이

식욕이 없다

❺

<ruby>朝<rt>あさ</rt></ruby>ご<ruby>飯<rt>はん</rt></ruby>をぬく
아사 고 항 오 누 쿠

아침(밥)을 거르다

앞에서 배운 표현을 바탕으로 빈칸을 채워 보세요.

정답 p137

보기

ダイエット　朝_{あさ}ご飯_{はん}　食欲_{しょくよく}　プロテイン

①
　　　　　を飲_のむ

프로틴을 마시다

②
　　　　　する

다이어트하다

③
　　　　　がない

식욕이 없다

④
　　　　　をぬく

아침(밥)을 거르다

앞에서 배운 표현을 참고하여 확장된 문장을 따라 읽어 보세요.

느리게 **Track 03-03** 보통 **Track 03-04**

① 毎日、朝ご飯を食べる。
마이 니치 아사 고 항 오 타 베 루

② 今朝、プロテインを飲んだよ。
케 사 프 로 테 잉 오 논 다 요

> **TIP** よ는 상대방이 모르는 정보나 내용을 알려줄 때 사용하는 표현이에요.

③ 今、ダイエットしている。
이마 다 이 엣 토 시 테 이 루

④ あまり食欲がない。
아 마 리 쇼쿠 요쿠 가 나 이

⑤ ぜんぜん食欲がない。
젠 젠 쇼쿠 요쿠 가 나 이

> **TIP** ん은 뒤에 오는 글자에 따라 'ㄴ, ㅁ, ㅇ' 중 하나로 발음해요.

⑥ 時間がなくて、朝ご飯をぬいている。
지 캉 가 나 쿠 테 아사 고 항 오 누 이 테 이 루

우리말 해석은 다음 페이지

🔖 **새단어**

今朝 케사 오늘 아침(에) | 今 이마 ⓤ 지금 | ~ている ~테이루 ~하고 있다 | あまり 아마리 ⓤ 별로, 그다지 |
ぜんぜん 젠젱 ⓤ 전혀 | 時間 지캉 시간

제시된 우리말을 보고 일본어로 쓰고 말해 보세요.

① 매일 아침(밥)을 먹어.

まい にち
毎日、

> 힌트 먹다 た 食べる

② 오늘 아침에 프로틴을 마셨어.

け さ
今朝、

> 힌트 프로틴 プロテイン

③ 지금 다이어트하고 있어.

いま
今、

> 힌트 다이어트 ダイエット

④ 별로 식욕이 없어.

あまり

> 힌트 식욕 しょくよく 食欲

⑤ 전혀 식욕이 없어.

ぜんぜん

> 힌트 없다 ない

⑥ 시간이 없어서 아침(밥)을 거르고 있어.

じ かん
時間が

> 힌트 거르다 ぬく

STEP 6 연습 문제로 실력 다지GO!

1 음원을 듣고 단어를 받아 써 보세요.   🎧 Track 03-05

   ①   ②

   ③   ④

2 음원을 듣고 문장을 받아 써 보세요.   🎧 Track 03-06

   ①

   ②

3 빈칸에 들어갈 알맞은 표현을 써 보세요.

   ①

매일 아침(밥)을 먹어.

を食べる。

   ②

지금 다이어트하고 있어.

している。

정답 p137

아침 **31**

 STEP 1 단어 알아보 GO!

음원을 들으며 제시된 단어를 따라 읽어 보세요.

🎧 Track 04-01

단어	읽는 법	의미
てんきよほう 天気予報	텡키요호–	명 일기예보
かくにん 確認する	카쿠닌스루	동 확인하다
あめ 雨	아메	명 비
ふ 降る	후루	동 내리다(오다)
かさ 傘	카사	명 우산
も 持ってくる	못테쿠루	동 가져오다, 챙겨오다
ひ や ど 日焼け止め	히야케도메	명 선크림
ぬる	누루	동 바르다
でんき 電気	뎅키	명 불, 전등, 전기
け 消す	케스	동 끄다

 STEP 2 표현으로 말문 트 GO!

듣고 따라 말하기 ☑〇〇〇〇

음원을 들으며 제시된 표현을 따라 읽어 보세요.

🎧 Track 04-02

①

てん き よ ほう　かく にん
天気予報を確認する
텡 키 요 호- 오 카쿠 닌 스 루

일기예보를 확인하다

②

あめ　　ふ
雨が降る
아메 가 후 루

비가 내리다(오다)

③

かさ　　も
傘を持ってくる
카사 오　못　테 쿠 루

우산을 가져오다
(챙겨오다)

④

ひ や　　ど
日焼け止めをぬる
히 야 케 도 메 오 누 루

선크림을 바르다

TIP '선크림'은 サンクリーム라고도 표현할 수 있어요.

⑤

でん き　　け
電気を消す
뎅 키 오 케 스

불을 끄다

앞에서 배운 표현을 바탕으로 빈칸을 채워 보세요.

정답 p137

보기

持ってくる　　降る　　電気　　日焼け止め
も　　　　　　ふ　　　　でん き　　　ひ や　 ど

❶

雨が
あめ

비가 내리다(오다)

❷

傘を
かさ

우산을 가져오다(챙겨오다)

❸

をぬる

선크림을 바르다

❹

を消す
け

불을 끄다

반복 훈련하기 ☑○○○○

앞에서 배운 표현을 참고하여 확장된 문장을 따라 읽어 보세요.

느리게 🎧 Track 04-03   보통 🎧 Track 04-04

① 今日の天気予報を確認した。
쿄- 노 텡 키 요 호- 오 카쿠닌 시 타

② 午後から雨が降るらしいよ。
고 고 카 라 아메 가 후 루 라 시 - 요

TIP ~らしい는 '~라고 한다'라는 뜻으로 어디선가 듣거나 본 것을 근거로 확신을 가지고 추측할 때 쓰는 표현이에요.

③ 傘を持ってきた。
카사 오 못 테 키 타

④ 上着を持ってきた。
우와 기 오 못 테 키 타

⑤ 顔に日焼け止めをぬった。
카오니 히 야 케 도 메 오 눗 타

⑥ 部屋の電気を消した。
헤 야 노 뎅 키 오 케 시 타

우리말 해석은 다음 페이지

📕 새단어

今日 쿄- 몡 오늘 | ~の ~노 조 ~의 | 午後 고고 몡 오후 | ~から ~카라 조 ~부터, ~에서 | ~らしい ~라 시- ~라고 한다, ~인 것 같다 | 上着 우와기 몡 겉옷 | 部屋 헤야 몡 방

제시된 우리말을 보고 일본어로 쓰고 말해 보세요.

① 오늘의 일기예보를 확인했어.

きょう
今日の

힌트 일기예보 天気予報

② 오후부터 비가 온대.

ご ご
午後から

힌트 비 雨

③ 우산을 가져왔어.

かさ
傘を

힌트 가져오다 持ってくる

④ 겉옷을 챙겨왔어.

うわ ぎ
上着を

힌트 겉옷 上着

⑤ 얼굴에 선크림을 발랐어.

かお
顔に

힌트 바르다 ぬる

⑥ 방 불을 껐어.

へ や
部屋の

힌트 끄다 消す

STEP 6 연습 문제로 실력 다지GO!

1 음원을 듣고 단어를 받아 써 보세요. 🎧 Track 04-05

① ②

③ ④

2 음원을 듣고 문장을 받아 써 보세요. 🎧 Track 04-06

①

②

3 빈칸에 들어갈 알맞은 표현을 써 보세요.

①

오늘의 일기예보를 확인했어.

<ruby>確認<rt>かくにん</rt></ruby>を確認した。

②

<ruby>顔<rt>かお</rt></ruby>に

얼굴에 선크림을 발랐어.

。

정답 p137

5 | 이동

 **STEP 1** 단어 알아보 GO!

음원을 들으며 제시된 단어를 따라 읽어 보세요.

🎧 **Track 05-01**

단어	읽는 법	의미
タクシー	탁시-	명 택시
拾う	히로우	동 (차·택시 등을) 잡다, (떨어진 것을) 줍다
道	미치	명 길
こむ	코무	동 막히다
乗り換える	노리카에루	동 갈아타다
乗り遅れる	노리오쿠레루	동 (차·배 등을) 놓치다, 시간에 늦어 못 타다
席	세키	명 자리
ゆずる	유즈루	동 양보하다

STEP 2   표현으로 말문 트 GO!

음원을 들으며 제시된 표현을 따라 읽어 보세요.

듣고 따라 말하기 ☑○○○○

🎧 Track 05-02

①

タクシーを拾う
ひろ
탁 시 - 오 히로 우

택시를 잡다

TIP '잡다'는 직역하면 つかまえる이기 때문에 '택시를 잡다'를 タクシーをつか
まえる라고도 표현할 수 있어요.

②

道がこむ
みち
미치 가 코 무

길이 막히다

③

乗り換える
の   か
노 리 카 에 루

갈아타다

④

乗り遅れる
の   おく
노 리 오쿠 레 루

놓치다, 시간에 늦어 못 타다

⑤

席をゆずる
せき
세키 오 유 즈 루

자리를 양보하다

이동 **39**

앞에서 배운 표현을 바탕으로 빈칸을 채워 보세요.

정답 p138

보기

<ruby>席<rt>せき</rt></ruby>　　タクシー　　<ruby>道<rt>みち</rt></ruby>　　<ruby>遅<rt>おく</rt></ruby>れる

❶

＿＿＿＿を<ruby>拾<rt>ひろ</rt></ruby>う

택시를 잡다

❷

＿＿＿＿がこむ

길이 막히다

❸

<ruby>乗<rt>の</rt></ruby>り＿＿＿＿

놓치다, 시간에 늦어 못 타다

❹

＿＿＿＿をゆずる

자리를 양보하다

앞에서 배운 표현을 참고하여 확장된 문장을 따라 읽어 보세요.

느리게 🎧 Track 05-03　　보통 🎧 Track 05-04

① やっと タクシーを 拾った。
　　 얏　토 탁 시 - 오　히롯 타

② すごく 道が こんでいる。
　　 스 고 쿠 미치 가　콘　데 이 루

> **TIP** ~ている는 '동작의 진행(~하고 있다)' 외에도 '상태(~해져 있다)'를 나타낼 때도 쓰여요.

③ 地下鉄に 乗り 換えた。
　　 치 카 테츠 니 노 리 카 에 타

④ バスに 乗り 遅れて しまった。
　　 바 스 니 노 리 오쿠 레 테 시 맛 타

⑤ 地下鉄から バスに 乗り 換えた。
　　 치 카 테츠 카 라 바 스 니 노 리 카 에 타

⑥ にんぷさんに 席を ゆずった。
　　 님 푸 산 니 세키 오 유 줏 타

우리말 해석은 다음 페이지

📕 새단어

やっと 얏토 ⑨ 겨우, 가까스로, 간신히 | すごく 스고쿠 ⑨ 굉장히, 몹시, 되게 | 地下鉄 치카테츠 ⑨ 지하철 |
バス 바스 ⑨ 버스 | にんぷさん 님푸상 ⑨ 임산부

STEP 5 쓰 GO 말해 보 GO!

제시된 우리말을 보고 일본어로 쓰고 말해 보세요.

1 겨우 택시를 잡았어.

やっと

택시 **タクシー**

2 굉장히 길이 막혀.

すごく

힌트 막히다 **こむ**

3 지하철로 갈아탔어.

ち か てつ
地下鉄に

힌트 갈아타다 **乗り換える**

4 버스를 놓쳐 버렸어.

バスに

힌트 놓치다 **乗り遅れる**

5 지하철에서 버스로 갈아탔어.

ち か てつ
地下鉄

힌트 ~에서 **~から**

6 임산부에게 자리를 양보했어.

にんぷさんに

힌트 양보하다 **ゆずる**

STEP 6 연습 문제로 실력 다지GO!

1️⃣ 음원을 듣고 단어를 받아 써 보세요.

🎧 Track 05-05

　①　　　　　　　　　　②

　③　　　　　　　　　　④

2️⃣ 음원을 듣고 문장을 받아 써 보세요.

🎧 Track 05-06

　①

　②

3️⃣ 빈칸에 들어갈 알맞은 표현을 써 보세요.

①

ち　か　てつ
地下鉄に 　　　　　　　　　　　　。

지하철로 갈아탔어.

②

にんぷさんに 　　　　　　　　　　。

임산부에게 자리를 양보했어.

정답 p138

6 | 대학

 STEP 1 단어 알아보 GO!

음원을 들으며 제시된 단어를 따라 읽어 보세요.

🎧 Track 06-01

단어	읽는 법	의미
しゅう かつ 就活	슈-카츠	명 취업 준비, 취직 활동
し かく 資格	시카쿠	명 자격증
とる	토루	동 (학위·자격증 등을) 따다
しゅうしょく 就職	슈-쇼쿠	명 취직
じ かん わり 時間割	지캉와리	명 시간표
く 組む	쿠무	동 (시간표 등을) 짜다
の かい 飲み会	노미카이	명 술자리, 회식
で 出る	데루	동 (밖으로) 나가다, 나오다

6과 생생 사운드

STEP 2 표현으로 말문 트 GO!

듣고 따라 말하기 ☑◯◯◯◯

음원을 들으며 제시된 표현을 따라 읽어 보세요.

🎧 Track 06-02

❶

しゅうかつ
就活する

슈- 카츠 스 루

취업 준비하다

TIP 就活는 就職活動(취업준비, 취직 활동)의 줄임말이에요.

❷

しかく
資格をとる

시 카쿠 오 토 루

자격증을 따다

❸

しゅうしょく
就職する

슈- 쇼쿠 스 루

취직하다

❹

じかんわり　く
時間割を組む

지 캉 와리 오 쿠 무

시간표를 짜다

❺

の　　かい　で
飲み会に出る

노 미 카이 니 데 루

술자리에 나가다

대학 **45**

앞에서 배운 표현을 바탕으로 빈칸을 채워 보세요.

정답 p138

보기

の　かい
飲み会

じ　かんわり
時間割

し　かく
資格

しゅうしょく
就職

① ＿＿＿＿ をとる

자격증을 따다

② ＿＿＿＿ する

취직하다

③ ＿＿＿＿ を組む
　　　　　　く

시간표를 짜다

④ ＿＿＿＿ に出る
　　　　　　で

술자리에 나가다

STEP 4 말하기 연습하GO!

반복 훈련하기 ☑○○○○

앞에서 배운 표현을 참고하여 확장된 문장을 따라 읽어 보세요.

느리게 🎧 Track 06-03　　보통 🎧 Track 06-04

① 6月から就活している。
로쿠 가츠 카 라 슈- 카츠 시 테 이 루

② 日本語の資格をとるよ。
니 홍 고 노 시 카쿠 오 토 루 요

③ 就職するために資格をとる。
슈- 쇼쿠 스 루 타 메 니 시 카쿠 오 토 루

TIP ためには '~위해서'라는 뜻으로 동사의 기본형에 접속해요.

④ 前期の時間割を組む。
젱 키 노 지 캉 와리 오 쿠 무

⑤ よく飲み会に出る。
요 쿠 노 미 카이 니 데 루

⑥ たまに飲み会に出る。
타 마 니 노 미 카이 니 데 루

우리말 해석은 다음 페이지

📕 새단어

~月 ~가츠 명 ~월 | 日本語 니홍고 명 일본어 | ~ために ~타메니 ~위해서 | 前期 젱키 명 1학기, 전기 |
よく 요쿠 분 자주 | たまに 타마니 분 가끔

제시된 우리말을 보고 일본어로 쓰고 말해 보세요.

① 6월부터 취업 준비하고 있어.

ろく がつ
6月から

힌트 취업준비 就活

② 일본어 자격증을 딸 거야.

に ほん ご
日本語の

힌트 자격증 資格

③ 취직하기 위해서 자격증을 따.

しゅう しょく
就職する

힌트 ~위해서 ~ために

④ 1학기 시간표를 짜.

ぜん き
前期の

힌트 (시간표 등을) 짜다 組む

⑤ 자주 술자리에 나가.

よく

힌트 술자리 飲み会

⑥ 가끔 술자리에 나가.

たまに

힌트 나가다 出る

STEP 6 연습 문제로 실력 다지GO!

1 음원을 듣고 단어를 받아 써 보세요.   🎧 Track 06-05

①   ②

③   ④

2 음원을 듣고 문장을 받아 써 보세요.   🎧 Track 06-06

①

②

3 빈칸에 들어갈 알맞은 표현을 써 보세요.

①

ろくがつ
6月から　　　　　　　　　　　　　　　　　　　　　。

6월부터 취업 준비하고 있어.

②

に出る。

자주 술자리에 나가.

정답 p138

CHAPTER 7 | 회사

 **STEP 1** 단어 알아보 GO!

음원을 들으며 제시된 단어를 따라 읽어 보세요.

🎧 Track 07-01

단어	읽는 법	의미
でん わ 電話	뎅와	몡 전화
で 出る	데루	동 (전화를) 받다
う あ 打ち合わせ	우치아와세	몡 미팅
コピー	코피-	몡 복사
バタバタする	바타바타스루	동 정신없이 바쁘다
ぎょう む 業務	교-무	몡 업무
ひ つ 引き継ぐ	히키츠구	동 인수인계하다

STEP 2 · 표현으로 말문 트 GO!

듣고 따라 말하기 ☑○○○○

음원을 들으며 제시된 표현을 따라 읽어 보세요.

🎧 Track 07-02

①

でん わ　　　で
電話に出る
뎅 와 니 데 루

전화를 받다

TIP '전화를 받다'는 직역하면 電話を受ける라고 할 수 있지만 조금 딱딱한 느낌이 들어요. 그리고 出る의 기본 의미는 '(밖으로) 나가다'이지만 電話와 함께 쓰일 경우 '(전화를) 받다'라는 뜻을 나타내요.

②

う　　あ
打ち合わせをする
우 치 아 와 세 오 스 루

미팅을 하다

TIP '미팅을 하다'는 ミーティングする라고도 표현할 수 있어요.

③

コピーする
코 피 - 스 루

복사하다

④

バタバタする
바 타 바 타 스 루

정신없이 바쁘다

TIP バタバタする는 바쁘거나 분주한 모습을 나타내는 의성어, 의태어예요.

⑤

ぎょう む　　ひ　　つ
業務を引き継ぐ
교 무 오 히 키 츠 구

업무를 인수인계하다

앞에서 배운 표현을 바탕으로 빈칸을 채워 보세요.

정답 p139

보기

引き継ぐ　打ち合わせ　電話　コピー
(ひ　つ)　　(う　あ)　　(でん わ)

① ＿＿＿＿＿ に出る
(で)

전화를 받다

② ＿＿＿＿＿ をする

미팅을 하다

③ ＿＿＿＿＿ する

복사하다

④ 業務を ＿＿＿＿＿
(ぎょう む)

업무를 인수인계하다

반복 훈련하기 ☑○○○○

앞에서 배운 표현을 참고하여 확장된 문장을 따라 읽어 보세요.

느리게 Track 07-03   보통 Track 07-04

① 先輩の電話に出た。
셈 파이 노 뎅 와 니 데 타

② 17時に打ち合わせをする。
쥬-시치지 니 우 치 아 와 세 오 스 루

③ 資料をコピーしてくれる?
시 료- 오 코 피 - 시 테 쿠 레 루

TIP ~してくれる?는 상대방이 어떤 동작을 해 주기를 바랄 때 쓰는 표현이에요.

④ 朝からバタバタしている。
아사 카 라 바 타 바 타 시 테 이 루

⑤ 一日中バタバタしている。
이치 니치 쥬- 바 타 바 타 시 테 이 루

⑥ 後輩に業務を引き継いだよ。
코- 하이 니 교- 무 오 히 키 츠 이 다 요

 우리말 해석은 다음 페이지

🔖 새단어

先輩 셈파이 ⑲ 선배 | 資料 시료- ⑲ 자료 | ~してくれる? ~시테쿠레루 ~해 줄래? | 一日中 이치니치쥬-
⑲ 하루 종일 | 後輩 코-하이 ⑲ 후배

제시된 우리말을 보고 일본어로 쓰고 말해 보세요.

① 선배의 전화를 받았어.

せん ぱい
先輩の

_{힌트} (전화를) 받다 出^でる

② 17시에 미팅을 해.

じゅうしちじ じ
17時に

_{힌트} 미팅 打^うち合^あわせ

③ 자료를 복사해 줄래?

し りょう
資料を

_{힌트} 복사 コピー

④ 아침부터 정신없이 바빠.

あさ
朝から

_{힌트} 정신없이 바쁘다 バタバタする

⑤ 하루 종일 정신없이 바빠.

いち にち じゅう
一日中

_{힌트} 하루종일 一日中^{いちにちじゅう}

⑥ 후배에게 업무를 인수인계했어.

こう はい
後輩に

_{힌트} 업무 業務^{ぎょうむ}

STEP 6 연습 문제로 실력 다지GO!

1 음원을 듣고 단어를 받아 써 보세요.   🎧 Track 07-05

  ① ② ③ ④

2 음원을 듣고 문장을 받아 써 보세요.   🎧 Track 07-06

  ① ②

3 빈칸에 들어갈 알맞은 표현을 써 보세요.

  ①

  자료를 복사해 줄래?

してくれる?

  ②

いちにちじゅう
一日中

하루 종일 정신없이 바빠.

。

정답 p139

회사 **55**

8 | 점심

 STEP 1 ▸ 단어 알아보 GO!

음원을 들으며 제시된 단어를 따라 읽어 보세요.   🎧 Track 08-01

단어	읽는 법	의미
とる	토루	동 (자리를) 잡다
食券 しょっけん	쇽켕	명 식권
買う か	카우	동 사다
簡単に かんたん	칸탄니	부 간단히
済ませる す	스마세루	동 때우다
並ぶ なら	나라부	동 줄 서다
待つ ま	마츠	동 기다리다
割り勘 わ かん	와리캉	명 더치페이

 STEP 2 표현으로 말문트 GO!

듣고 따라 말하기 ☑○○○○

음원을 들으며 제시된 표현을 따라 읽어 보세요.

🎧 Track 08-02

❶

せき
席をとる
세키 오 토 루

자리를 잡다

❷

しょっけん か
食券を買う
쇼 켕 오 카 우

식권을 사다

❸

かんたん す
簡単に済ませる
칸 탄 니 스 마 세 루

간단히 때우다

❹

なら ま
並んで待つ
나란 데 마 츠

줄 서서 기다리다

TIP '줄 서서'는 並ぶ(줄 서다)를 て형으로 만들어서 並んで라고 해요.

❺

わ かん
割り勘する
와 리 칸 스 루

더치페이하다, 각자 부담하다

앞에서 배운 표현을 바탕으로 빈칸을 채워 보세요.

정답 p139

보기

しょっけん
食券

せき
席

ま
待つ

かんたん
簡単に

① _____ をとる

자리를 잡다

② _____ を買う
            か

식권을 사다

③ _____ 済ませる
              す

간단히 때우다

④ 並んで _____
   なら

줄 서서 기다리다

앞에서 배운 표현을 참고하여 확장된 문장을 따라 읽어 보세요.

느리게
🎧 Track 08-03

보통
🎧 Track 08-04

① いい席をとる。
이 - 세키 오 토루

② 食券を買って店員に出す。
쇼 켕 오   캇 테 텡 인 니 다 스

③ おにぎりで簡単に済ませる。
오 니 기 리 데 칸 탄 니 스 마 세 루

④ 並んで待つからいや。
나란 데 마 츠 카 라 이 야

TIP いやだ는 '싫다'라는 뜻으로 회화체에서는 보통 だ를 빼고 いや라고 해요.

⑤ ランチを割り勘した。
란   치 오 와 리 칸 시 타

TIP '점심'을 ランチ 대신에 昼ご飯으로도 표현할 수 있어요.

⑥ 友だちといつも割り勘する。
토모 다 치 토 이 츠 모 와 리 칸 스 루

우리말 해석은 다음 페이지

📕 새단어

いい 이- (い형) 좋다 | 店員 텡인 (명) 점원 | 出す 다스 (5동) 내다, 내놓다, 제출하다 | おにぎり 오니기리 (명) 주먹밥 |
~から ~카라 (조) ~니까, ~이기 때문에(이유를 나타냄) | いやだ 이야다 (な형) 싫다 | ランチ 란치 (명) 점심 |
友だち 토모다치 (명) 친구 | ~と ~토 (조) ~와(과) | いつも 이츠모 (부) 항상, 언제나

제시된 우리말을 보고 일본어로 쓰고 말해 보세요.

① 좋은 자리를 잡는다.

いい

자리 席

② 식권을 사서 점원에게 낸다.

しょっけん
食券を

점원 店員

③ 주먹밥으로 간단히 때울래.

おにぎりで

때우다 済ませる

④ 줄 서서 기다리니까 싫어.

なら
並んで

기다리다 待つ

⑤ 점심을 더치페이했어.

ランチを

더치페이 割り勘

⑥ 친구와 항상 더치페이해.

とも
友だちと

항상 いつも

연습 문제로 실력 다지GO!

1 음원을 듣고 단어를 받아 써 보세요.　　　　　　　　🎧 Track 08-05

　①　　　　　　　　　　　②

　③　　　　　　　　　　　④

2 음원을 듣고 문장을 받아 써 보세요.　　　　　　　　🎧 Track 08-06

　①

　②

3 빈칸에 들어갈 알맞은 표현을 써 보세요.

①

주먹밥으로 간단히 때울래.

済^すませる。

②

友^{とも}だちといつも

친구와 항상 더치페이해.

　　　　　　　。

정답 p139

점심 **61**

CHAPTER
9 | 카페

 **STEP 1** 단어 알아보 GO!

음원을 들으며 제시된 단어를 따라 읽어 보세요.

🎧 **Track 09-01**

단어	읽는 법	의미
飲み物 (の もの)	노미모노	몡 음료
選ぶ (えら)	에라부	동 고르다
注文 (ちゅう もん)	츄―몽	몡 주문
少なめに (すく)	스쿠나메니	부 적게
追加 (つい か)	츠이카	몡 추가
テイクアウト	테이쿠아우토	몡 테이크아웃

 STEP 2 표현으로 말문 트 GO!

음원을 들으며 제시된 표현을 따라 읽어 보세요.

듣고 따라 말하기 ☑○○○○

🎧 Track 09-02

①

<ruby>飲<rt>の</rt></ruby>み<ruby>物<rt>もの</rt></ruby>を<ruby>選<rt>えら</rt></ruby>ぶ
노 미 모노 오 에라 부

음료를 고르다

②

<ruby>注文<rt>ちゅうもん</rt></ruby>する
츄- 몬 스 루

주문하다

③

<ruby>少<rt>すく</rt></ruby>なめにする
스쿠 나 메 니 스 루

적게 하다

④

<ruby>追加<rt>ついか</rt></ruby>する
츠이 카 스 루

추가하다

⑤

テイクアウトする
테 이 쿠 아 우 토 스 루

테이크아웃하다

앞에서 배운 표현을 바탕으로 빈칸을 채워 보세요.

정답 p140

보기

追加^{ついか}　注文^{ちゅうもん}　飲み物^{のもの}　テイクアウト

① ＿＿＿＿＿＿を選ぶ^{えら}

음료를 고르다

② ＿＿＿＿＿＿する

주문하다

③ ＿＿＿＿＿＿する

추가하다

④ ＿＿＿＿＿＿する

테이크아웃하다

반복 훈련하기 ✅◯◯◯◯

앞에서 배운 표현을 참고하여 확장된 문장을 따라 읽어 보세요.

느리게 🎧 Track 09-03   보통 🎧 Track 09-04

① 冷たい飲み物を選んだ。
츠메 타 이 노 미 모노 오 에란 다

② 温かい飲み物を選んだ。
아타타 카 이 노 미 모노 오 에란 다

③ コーヒーを注文する。
코 - 히 - 오 츄-몬 스루

④ 氷を少なめにするよ。
코-리 오 스쿠 나 메 니 스 루 요

⑤ ホイップを追加する。
호 입 푸 오 츠이 카 스루

⑥ サンドイッチをテイクアウトしてきた。
산 도 잇 치 오 테이쿠 아 우 토 시 테 키 타

TIP ~てくるは '~해 오다'라는 의미이며, '~해 왔다'는 ~てきた라고 해요.

 우리말 해석은 다음 페이지

🔖 새단어

冷たい 츠메타이 (い형) 차갑다 | 温かい 아타타카이 (い형) 따뜻하다 | コーヒー 코-히- 몡 커피 | 氷 코-리
몡 얼음 | ホイップ 호입푸 몡 휘핑 크림 | サンドイッチ 산도잇치 몡 샌드위치 | くる 쿠루 동 오다

카페 **65**

제시된 우리말을 보고 일본어로 쓰고 말해 보세요.

1 차가운 음료를 골랐어.

_{つめ}
冷たい

힌트 음료 飲み物

2 따뜻한 음료를 골랐어.

_{あたた}
温かい

힌트 고르다 選ぶ

3 커피를 주문해.

コーヒーを

힌트 주문 注文

4 얼음을 적게 해.

_{こおり}
氷を

힌트 적게 少なめに

5 휘핑 크림을 추가해.

ホイップを

힌트 추가 追加

6 샌드위치를 테이크아웃해 왔어.

サンドイッチを

힌트 테이크아웃 テイクアウト

1 음원을 듣고 단어를 받아 써 보세요. 🎧 Track 09-05

①   ②

③   ④

2 음원을 듣고 문장을 받아 써 보세요. 🎧 Track 09-06

①

②

3 빈칸에 들어갈 알맞은 표현을 써 보세요.

①

コーヒーを

。

커피를 주문해.

②

を追加する。
ついか

휘핑 크림을 추가해.

정답 p140

카페 **67**

10 | 업무

 **STEP 1** 단어 알아보 GO!

음원을 들으며 제시된 단어를 따라 읽어 보세요.

🎧 Track 10-01

단어	읽는 법	의미
ざんぎょう 残業	장교–	명 야근
てい じ 定時	테–지	명 정시
たい しゃ 退社	타이샤	명 퇴근, 퇴사
し ごと 仕事	시고토	명 일
たの 頼まれる	타노마레루	동 부탁받다
てん しょく 転職	텐쇼쿠	명 이직
しゅっちょう 出張	슛쵸–	명 출장
い 行く	이쿠	동 가다

 STEP 2 표현으로 말문 ㅌ GO!

듣고 따라 말하기 ☑○○○○

음원을 들으며 제시된 표현을 따라 읽어 보세요.

🎧 Track 10-02

①

ざんぎょう
残業する
장 교- 스 루

야근하다

②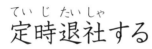

ていじたいしゃ
定時退社する
테- 지 타이 샤 스 루

정시 퇴근하다, 칼퇴하다

TIP 退社する는 '퇴근하다, 퇴사하다' 두 가지 의미가 있어요.

③

しごと　たの
仕事を頼まれる
시 고토 오 타노 마 레 루

일을 부탁받다

④

てんしょく
転職する
텐 쇼쿠 스 루

이직하다

⑤

しゅっちょう　い
出張に行く
슛 쵸- 니 이 쿠

출장을 가다

TIP '~을(를) 가다'는 ~を行く가 아니라 ~に行く라고 해야 해요.

앞에서 배운 표현을 바탕으로 빈칸을 채워 보세요.

정답 p140

보기

ていじたいしゃ
定時退社
い
行く
ざんぎょう
残業
たの
頼まれる

❶

_____ する

야근하다

❷

_____ する

정시 퇴근하다, 칼퇴하다

❸

しごと
仕事を _____

일을 부탁받다

❹

しゅっちょう
出張に _____

출장을 가다

반복 훈련하기 ☑◯◯◯◯

앞에서 배운 표현을 참고하여 확장된 문장을 따라 읽어 보세요.

느리게
🎧 Track 10-03

보통
🎧 Track 10-04

❶ 昨日(きのう)も残業(ざんぎょう)した。

키노- 모 장 교- 시 타

❷ どうしても定時退社(ていじたいしゃ)したい。

도 - 시 테 모 테- 지 타이샤 시 타 이

TIP ~したい는 '~하고 싶다'라는 뜻으로 소망과 바람을 나타내요.

❸ 部長(ぶちょう)に仕事(しごと)を頼(たの)まれた。

부 쵸- 니 시 고토 오 타노 마 레 타

❹ 航空会社(こうくうがいしゃ)に転職(てんしょく)したい。

코- 쿠- 가이 샤 니 텐 쇼쿠 시 타 이

TIP 명사와 명사가 합쳐질 때 보통 두번째에 해당되는 명사에 탁음이 붙어요. 따라서 여기에서는 会가 탁음으로 발음되어요.

❺ 私(わたし)はたまに出張(しゅっちょう)に行(い)く。

와타시 와 타 마 니 슛 쵸- 니 이 쿠

❻ 一週間(いっしゅうかん)に一回出張(いっかいしゅっちょう)に行(い)く。

잇 슈- 칸 니 익 카이 슛 쵸- 니 이 쿠

우리말 해석은 다음 페이지

📕 새단어

昨日(きのう) 키노- 몡 어제 | ~も ~모 죄 ~도 | どうしても 도-시테모 뿐 어떻게 해서든 | ~したい ~시타이 ~하고
싶다 | 部長(ぶちょう) 부쵸- 몡 부장(님) | 航空会社(こうくうがいしゃ) 코-쿠-가이샤 몡 항공 회사 | 私(わたし) 와타시 때 나, 저 | 一週間(いっしゅうかん)
잇슈-칸 몡 일주일 | 一回(いっかい) 익카이 몡 한 번

업무 71

제시된 우리말을 보고 일본어로 쓰고 말해 보세요.

① 어제도 야근했어.

きのう
昨日も

힌트 야근 残業 ざん ぎょう

② 어떻게 해서든 칼퇴하고 싶어.

どうしても

힌트 칼퇴 定時退社 てい じ たいしゃ

③ 부장님에게 일을 부탁받았어.

ぶ ちょう
部長に

힌트 부탁받다 頼まれる たの

④ 항공 회사로 이직하고 싶어.

こう くう がい しゃ
航空会社に

힌트 이직 転職 てんしょく

⑤ 나는 가끔 출장을 가.

わたし
私は

힌트 출장 出張 しゅっちょう

⑥ 일주일에 한 번 출장을 가.

いっ しゅう かん
一週間に

힌트 한번 一回 いっかい

STEP 6 연습 문제로 실력 다지GO!

1 음원을 듣고 단어를 받아 써 보세요. 🎧 Track 10-05

① ②

③ ④

2 음원을 듣고 문장을 받아 써 보세요. 🎧 Track 10-06

①

②

3 빈칸에 들어갈 알맞은 표현을 써 보세요.

①

き の う
昨日 も 　　　　　　　　　　　　　　　。

어제도 야근했어.

②

こうくうがいしゃ
航空会社に 　　　　　　　　　　　　　　　。

항공 회사로 이직하고 싶어.

정답 p140

업무 **73**

11 | 공부

 STEP 1 ▸ 단어 알아보 GO!

음원을 들으며 제시된 단어를 따라 읽어 보세요.

🎧 Track 11-01

단어	읽는 법	의미
べん きょう 勉強	벵쿄-	명 공부
レポート	레포-토	명 리포트
たん い 単位	탕이	명 학점
お 落とす	오토스	동 (학점 등을) 못 받다
コピペ	코피페	명 복사하여 붙이기, 복붙

 STEP 2 표현으로 말문 트 GO!

음원을 들으며 제시된 표현을 따라 읽어 보세요.

듣고 따라 말하기 ☑○○○○

🎧 Track 11-02

①

べん きょう
勉強する
벵 쿄- 스 루

공부하다

②

だ
レポートを出す
레 포 - 토 오 다 스

리포트를 내다

③

たん い
単位をとる
탕 이 오 토 루

학점을 따다

④

たん い   お
単位を落とす
탕 이 오 오 토 스

학점을 못 받다

⑤

コピペする
코 피 페 스 루

복붙하다

TIP コピペは コピーアンドペースト(Copy and Paste)의 줄임말이에요.

공부 **75**

앞에서 배운 표현을 바탕으로 빈칸을 채워 보세요.

정답 p141

보기

落とす   レポート   コピペ   とる
お

① ＿＿＿＿＿を出す
だ

리포트를 내다

② 単位を＿＿＿＿
たん　い

학점을 따다

③ 単位を＿＿＿＿
たん　い

학점을 못 받다

④ ＿＿＿＿する

복붙하다

반복 훈련하기 ☑◯◯◯◯

앞에서 배운 표현을 참고하여 확장된 문장을 따라 읽어 보세요.

느리게 🎧 Track 11-03　　보통 🎧 Track 11-04

① カフェで勉強する。
카 훼 데 벵 쿄- 스 루

> **TIP** 동사의 기본형은 현재형 외에도 '～할 것이다'라는 미래를 나타낼 때도 쓰여요.

② 一夜漬けで勉強する。
이치 야 즈 케 데 벵 쿄- 스 루

③ 明日までにレポートを出さないといけない。
아시타 마 데 니 레 포 - 토 오 다 사 나 이 토 이 케 나 이

④ 必ず単位をとらないといけない。
카나라즈 탕 이 오 토 라 나 이 토 이 케 나 이

⑤ 経済学の単位を落としてしまった。
케- 자이 가쿠 노 탕 이 오 오 토 시 테 시 맛 타

⑥ 書類をコピペして書く。
쇼 루이 오 코 피 페 시 테 카 쿠

우리말 해석은 다음 페이지

📕 새단어

カフェ 카훼 ⑱ 카페 | 一夜漬け 이치야즈케 ⑲ 벼락치기 | 明日 아시타 ㉑ 내일 | ～までに ～마데니
(기한, 마감) ～까지 | ～ないといけない ～나이토이케나이 ～해야 한다, ～하지 않으면 안 된다 | 必ず 카나라즈
⑱ 반드시, 꼭 | 経済学 케-자이가쿠 ㉛ 경제학 | 書類 쇼루이 ⑮ 서류 | 書く 카쿠 ⑤ (글씨를) 쓰다

공부 **77**

STEP 5 쓰 GO 말해 보 GO!

제시된 우리말을 보고 일본어로 쓰고 말해 보세요.

① 카페에서 공부할 거야.

カフェで

> **힌트** 공부 勉強(べんきょう)

② 벼락치기로 공부할 거야.

一夜漬(いちやづ)けで

> **힌트** 벼락치기 一夜漬(いちやづ)け

③ 내일까지 리포트를 내야 해.

明日(あした)までに

> **힌트** 리포트 レポート

④ 반드시 학점을 따야 해.

必(かなら)ず

> **힌트** 학점 単位(たんい)

⑤ 경제학 학점을 못 받았어.

経済学(けいざいがく)の

> **힌트** (학점 등을) 못 받다 落(お)とす

⑥ 서류를 복붙해서 쓴다.

書類(しょるい)を

> **힌트** (글씨를) 쓰다 書(か)く

STEP 6 **연습 문제로 실력 다지GO!**

☐ 음원을 듣고 단어를 받아 써 보세요.　　　　　　　　　　　🎧 Track 11-05

① ②

③ ④

☐ 음원을 듣고 문장을 받아 써 보세요.　　　　　　　　　　　🎧 Track 11-06

①

②

☐ 빈칸에 들어갈 알맞은 표현을 써 보세요.

①

いちやづ
一夜漬けで　　　　　　　　　　　　　　　　　。

벼락치기로 공부할 거야.

②

お
を落としてしまった。

경제학 학점을 못 받았어.

정답 p141

공부　**79**

12 | 스마트폰

 STEP 1 단어 알아보 GO!

음원을 들으며 제시된 단어를 따라 읽어 보세요.　🎧 Track 12-01

단어	읽는 법	의미
フィルム	휘루무	명 필름
貼る	하루	동 붙이다
充電	쥬–뎅	명 충전
バッテリー	밧테리–	명 배터리
切れる	키레루	동 (배터리 등이) 나가다, 다 되다, 떨어지다
スマホ	스마호	명 스마트폰
落とす	오토스	동 (물건 등을) 떨어뜨리다
液晶	엑쇼–	명 액정
割れる	와레루	동 깨지다

 STEP 2 표현으로 말문 트 GO!

들고 따라 말하기 ☑◯◯◯◯

음원을 들으며 제시된 표현을 따라 읽어 보세요.

🎧 Track 12-02

❶

フィルムを貼^はる
휘 루 무 오 하 루

필름을 붙이다

---

❷

充電^{じゅうでん}する
쥬ー덴 스 루

충전하다

---

❸

バッテリーが切^きれる
밧 테 리ー 가 키 레 루

배터리가 나가다

---

❹

スマホを落^おとす
스 마 호 오 오 토 스

스마트폰을 떨어뜨리다

TIP スマホは スマートフォンの 줄임말이에요.

---

❺

液晶^{えきしょう}が割^われる
엑 쇼ー 가 와 레 루

액정이 깨지다

스마트폰 **81**

앞에서 배운 표현을 바탕으로 빈칸을 채워 보세요.

정답 p141

보기

割れる　　スマホ　　バッテリー　　フィルム

① ＿＿＿＿を貼る

필름을 붙이다

② ＿＿＿＿が切れる

배터리가 나가다

③ ＿＿＿＿を落とす

스마트폰을 떨어뜨리다

④ 液晶が＿＿＿＿

액정이 깨지다

앞에서 배운 표현을 참고하여 확장된 문장을 따라 읽어 보세요.

느리게 🎧 Track 12-03 보통 🎧 Track 12-04

① 液晶にフィルムを貼った。

엑 쇼- 니 휘 루 무 오 핫 타

② モバイルバッテリーで充電する。

모 바 이 루 밧 테 리 - 데 쥬- 덴 스 루

③ スマホのバッテリーが切れた。

스 마 호 노 밧 테 리 - 가 키 레 타

④ ワイヤレスイヤホンのバッテリーが切れた。

와 이 야 레 스 이 야 혼 노 밧 테 리 - 가 키 레 타

⑤ 床にスマホを落とした。

유 카 니 스 마 호 오 오 토 시 타

⑥ スマホの液晶が割れてしまった。

스 마 호 노 엑 쇼- 가 와 레 테 시 맛 타

우리말 해석은 다음 페이지

📕 새단어

モバイルバッテリー 모바이루밧테리- 🕮 보조 배터리 ∣ ワイヤレスイヤホン 와이야레스이야홍 🕮 무선 이어폰 ∣
床 유카 🕮 바닥

스마트폰 **83**

제시된 우리말을 보고 일본어로 쓰고 말해 보세요.

① 액정에 필름을 붙였어.

えき しょう
液晶に

힌트 붙이다 貼る

② 보조 배터리로 충전해.

モバイル

힌트 충전 じゅうてん 充電

③ 스마트폰 배터리가 나갔어.

スマホの

힌트 (배터리 등이) 나가다 き 切れる

④ 무선 이어폰 배터리가 나갔어.

ワイヤレス

힌트 이어폰 イヤホン

⑤ 바닥에 스마트폰을 떨어뜨렸어.

ゆか
床に

힌트 (물건 등을) 떨어뜨리다 お 落とす

⑥ 스마트폰의 액정이 깨져 버렸어.

スマホの

힌트 깨지다 わ 割れる

STEP 6 연습 문제로 실력 다지GO!

1 음원을 듣고 단어를 받아 써 보세요. Track 12-05

①

②

③

④

2 음원을 듣고 문장을 받아 써 보세요. Track 12-06

①

②

3 빈칸에 들어갈 알맞은 표현을 써 보세요.

①

充電(じゅうでん)する。

보조 배터리로 충전해.

②

スマホの液晶(えきしょう)が　　　　。

스마트폰의 액정이 깨져 버렸어.

정답 p141

13 | SNS

 STEP 1 단어 알아보 GO!

음원을 들으며 제시된 단어를 따라 읽어 보세요.

🎧 Track 13-01

단어	읽는 법	의미
とう こう 投稿	토-코-	명 투고, 업로드
しゃ しん 写真	샤싱	명 사진
と 撮る	토루	동 (사진을) 찍다
フォロワー	훠로와-	명 팔로워
ふ 増える	후에루	동 늘다, 증가하다
いいね	이-네	좋아요(SNS)
お 押す	오스	동 누르다
にん き 人気	닝키	명 인기
ある	아루	동 있다

 STEP 2 표현으로 말문 트 GO!

듣고 따라 말하기 ☑◯◯◯◯

음원을 들으며 제시된 표현을 따라 읽어 보세요.

🎧 Track 13-02

---

①

とうこう
投稿する
토- 코- 스 루

올리다, 업로드하다

TIP '올리다, 업로드하다'는 あげる 또는 アップロードする라고도 표현할 수 있어요.

---

②

しゃしん　と
写真を撮る
샤 싱 오 토 루

사진을 찍다

---

③

ふ
フォロワーが増える
훠 로 와 - 가 후에루

팔로워가 늘다

---

④

お
「いいね」を押す
이 - 네 오 오 스

'좋아요'를 누르다

TIP '좋아요' 버튼을 일본에서는 「いいね」버튼이라고 해요.

---

⑤

にんき
人気がある
닝 키 가 아 루

인기가 있다

STEP 3 표현 다시 확인하 GO!

앞에서 배운 표현을 바탕으로 빈칸을 채워 보세요.

정답 p142

보기

_{にん き} 人気   _{しゃしん} 写真   _{とうこう} 投稿   フォロワー

❶ 　　　　　する

올리다, 업로드하다

❷ 　　　　　を撮_とる

사진을 찍다

❸ 　　　　　が増_ふえる

팔로워가 늘다

❹ 　　　　　がある

인기가 있다

앞에서 배운 표현을 참고하여 확장된 문장을 따라 읽어 보세요.

느리게 🎧 Track 13-03   보통 🎧 Track 13-04

① 動画を投稿した。
도- 가 오토- 코- 시 타

② 写真を撮って投稿する。
샤 싱 오 톳 테토- 코- 스 루

③ 写真を撮って送る。
샤 싱 오 톳 테 오쿠 루

④ かなりフォロワーが増えた。
카 나 리 훠 로 와 - 가 후 에 타

⑤ 「いいね」を押してね。
이 - 네 오 오 시 테 네

> **TIP** ～てねは '~해 줘'라는 뜻으로 친구에게 가볍게 무언가를 부탁할 때 사용해요.

⑥ 人気があるカフェに行く。
닝 키 가 아 루 카 훼 니 이 쿠

우리말 해석은 다음 페이지

📑 **새단어**

動画 도-가 ⑳ 동영상 | 送る 오쿠루 ⑤ 보내다 | かなり 카나리 ㊿ 꽤 | ～てね ~테네 ~해 줘

제시된 우리말을 보고 일본어로 쓰고 말해 보세요.

① 동영상을 올렸어.

どう が
動画を

투고, 업로드 とうこう 投稿

② 사진을 찍어서 업로드 할 거야.

しゃ しん
写真を

(사진을) 찍다 と 撮る

③ 사진을 찍어서 보낼 거야.

しゃ しん
写真を

보내다 おく 送る

④ 꽤 팔로워가 늘었어.

かなり

늘다, 증가하다 ふ 増える

⑤ '좋아요'를 눌러 줘.

「いいね」を

누르다 お 押す

⑥ 인기가 있는 카페에 가.

にん き
人気が

카페 カフェ

STEP 6 연습 문제로 실력 다지GO!

1 음원을 듣고 단어를 받아 써 보세요.　　　　　　　🎧 Track 13-05

①　　　　　　　　　　　　　　②

③　　　　　　　　　　　　　　④

2 음원을 듣고 문장을 받아 써 보세요.　　　　　　　🎧 Track 13-06

①

②

3 빈칸에 들어갈 알맞은 표현을 써 보세요.

①　　　どうが
　　　　　　　　　　動画を　　　　　　　　　　　　。

　　　　　　　　　　동영상을 올렸어.

②　　　「いいね」を　　　　　　　　　　。

　　　　　　　　　　'좋아요'를 눌러 줘.

정답 p142

 **STEP 1** 단어 알아보 GO!

음원을 들으며 제시된 단어를 따라 읽어 보세요.   🎧 Track 14-01

단어	읽는 법	의미
せん たく 洗濯	센타쿠	명 빨래
そう じ き 掃除機	소-지키	명 청소기
かける	카케루	동 (기계를) 돌리다, 작동시 키다, (옷 등을) 걸다
ハンガー	항가-	명 옷걸이
かん そう き 乾燥機	칸소-키	명 건조기
ゴミ	고미	명 쓰레기

 STEP 2 표현으로 말문 트 GO!

듣고 따라 말하기 ☑○○○○

음원을 들으며 제시된 표현을 따라 읽어 보세요.

🎧 **Track 14-02**

①

せんたく
洗濯する
센 타쿠 스 루

빨래하다

②

そうじ き
掃除機をかける
소- 지 키 오 카 케 루

청소기를 돌리다

TIP かける는 '기계를 움직여 작동시키다, 옷 등을 걸다' 등 다양한 의미를 가지고
있으므로 자주 사용하는 명사와 세트로 외우는 것을 추천 드려요.

③

ハンガーにかける
항 가 - 니 카 케 루

옷걸이에 걸다

④

かんそう き
乾燥機にかける
칸 소- 키 니 카 케 루

건조기에 돌리다

⑤

だ
ゴミを出す
고 미 오 다 스

쓰레기를 내놓다

앞에서 배운 표현을 바탕으로 빈칸을 채워 보세요.

정답 p142

보기

だ
出す

そうじき
掃除機

ハンガー

かんそうき
乾燥機

①

_____ をかける

청소기를 돌리다

②

_____ にかける

옷걸이에 걸다

③

_____ にかける

건조기에 돌리다

④

ゴミを _____

쓰레기를 내놓다

STEP 4 ▶ 말하기 연습하GO!

반복 훈련하기 ☑○○○○

앞에서 배운 표현을 참고하여 확장된 문장을 따라 읽어 보세요.

느리게
🎧 Track 14-03

보통
🎧 Track 14-04

① 洋服を洗濯する。
요- 후쿠 오 센 타쿠 스 루

② 毎日掃除機をかける。
마이 니치 소- 지 키 오 카 케 루

③ ハンガーにかけて干す。
항 가 - 니 카 케 테 호 스

④ タオルや靴下は乾燥機にかける。
타 오 루 야 쿠츠 시타 와 칸 소- 키 니 카 케 루

⑤ 下着やTシャツは乾燥機にかける。
시타 기 야 티- 샤 츠 와 칸 소- 키 니 카 케 루

⑥ 家を出る時にゴミを出す。
이에 오 데 루 토키 니 고 미 오 다 스

우리말 해석은 다음 페이지

📕 새단어

洋服 요-후쿠 몡 옷 ｜ 干す 호스 몡 말리다 ｜ タオル 타오루 몡 수건 ｜ ~や ~야 㳆 ~(이)나 ｜ 靴下 쿠츠시타
몡 양말 ｜ 下着 시타기 몡 속옷 ｜ Tシャツ 티-샤츠 몡 티셔츠 ｜ 家 이에 몡 집 ｜ 時 토키 몡 때

STEP 5 · 쓰 GO 말해 보 GO!

제시된 우리말을 보고 일본어로 쓰고 말해 보세요.

1 옷을 빨래한다.

ようふく
洋服を

친트 빨래 せんたく 洗濯

2 매일 청소기를 돌린다.

まいにち
毎日

친트 청소기 そうじき 掃除機

3 옷걸이에 걸어서 말린다.

ハンガーに

친트 (옷 등을) 걸다 かける

4 수건이나 양말은 건조기에 돌린다.

タオルや

친트 양말 くつした 靴下

5 속옷이나 티셔츠는 건조기에 돌린다.

したぎ
下着や

친트 티셔츠 ティー Ｔシャツ

6 집을 나갈 때에 쓰레기를 내놓는다.

いえ
家を

친트 쓰레기 ゴミ

STEP 6 연습 문제로 실력 다지GO!

1 음원을 듣고 단어를 받아 써 보세요.　　　　　　　　　　　　🎧 Track 14-05

① 　　　　　　　　　　　　　　　　　②

③ 　　　　　　　　　　　　　　　　　④

2 음원을 듣고 문장을 받아 써 보세요.　　　　　　　　　　　　🎧 Track 14-06

①

②

3 빈칸에 들어갈 알맞은 표현을 써 보세요.

①

洋服を　　　　　　　　　　　　　　　。
ようふく

옷을 빨래한다.

②

をかける。

매일 청소기를 돌린다.

정답 p142

15 | 저녁

 STEP 1 단어 알아보 GO!

음원을 들으며 제시된 단어를 따라 읽어 보세요.　🎧 Track 15-01

단어	읽는 법	의미
ご飯 (はん)	고항	명 밥
炊く (た)	타쿠	동 (밥을) 짓다
油 (あぶら)	아부라	명 기름
ひく	히쿠	동 (기름을) 두르다
味付け (あじ つ)	아지츠케	명 (음식의) 간, 맛을 냄
野菜 (や さい)	야사이	명 채소, 야채
炒める (いた)	이타메루	동 볶다
皿 (さら)	사라	명 접시
よそう	요소우	동 담다

15과 생생 사운드

 STEP 2 표현으로 말문 트 GO!

듣고 따라 말하기 ☑○○○○

음원을 들으며 제시된 표현을 따라 읽어 보세요.

🎧 **Track 15-02**

①
ご飯を炊く
고 항 오 타 쿠

밥을 짓다

②
油をひく
아부라 오 히 쿠

기름을 두르다

③
味付けをする
아지 츠 케 오 스 루

간을 하다

④
野菜を炒める
야 사이 오 이타 메 루

채소를 볶다

⑤
皿によそう
사라 니 요 소 우

접시에 담다

STEP 3 표현 다시 확인하 GO!

앞에서 배운 표현을 바탕으로 빈칸을 채워 보세요.

정답 p143

보기

<ruby>炊<rt>た</rt></ruby>く　　<ruby>炒<rt>いた</rt></ruby>める　　よそう　　<ruby>油<rt>あぶら</rt></ruby>

①

ご<ruby>飯<rt>はん</rt></ruby>を _____

밥을 짓다

②

_____ をひく

기름을 두르다

③

<ruby>野菜<rt>やさい</rt></ruby>を _____

채소를 볶다

④

<ruby>皿<rt>さら</rt></ruby>に _____

접시에 담다

 반복 훈련하기 ☑○○○○

앞에서 배운 표현을 참고하여 확장된 문장을 따라 읽어 보세요.

느리게　🎧 Track 15-03　보통　🎧 Track 15-04

❶ 今朝、ご飯を炊いた。
케사　고항 오 타 이타

❷ フライパンに油をひく。
후라이 판　니 아부라오 히 쿠

❸ 塩コショウで味付けをしたらできあがり！
시오 코 쇼－데 아지츠 케 오 시 타 라데 키아가리

❹ 豚肉と野菜を炒める。
부타니쿠 토 야 사이 오 이타 메 루

❺ 大きい皿によそう。
오－키－사라니 요소 우

❻ 小さい皿によそう。
치－사 이 사라니 요소 우

우리말 해석은 다음 페이지

📕 **새단어**

フライパン 후라이팡 ❙명❙ 프라이팬 ❙ 塩コショウ 시오코쇼－ ❙명❙ 소금과 후추 ❙ ~たら ~타라 ~하면, ~했더니 ❙
できあがり 데키아가리 ❙명❙ 완성, 다 됨 ❙ 豚肉 부타니쿠 ❙명❙ 돼지고기 ❙ 大きい 오－키－ ❙い형❙ 크다 ❙ 小さい
치－사이 ❙い형❙ 작다

쓰GO 말해 보GO!

제시된 우리말을 보고 일본어로 쓰고 말해 보세요.

1 오늘 아침 밥을 지었다.

今朝、
_{け さ}

힌트 (밥을)짓다 炊く
_た

2 프라이팬에 기름을 두른다.

フライパンに

힌트 (기름을)두르다 ひく

3 소금과 후추로 간을 하면 완성!

塩コショウで
_{しお}

힌트 (음식의)간, 맛을 냄 味付け
_{あじ つ}

4 돼지고기랑 채소를 볶는다.

豚肉と
_{ぶた にく}

힌트 볶다 炒める
_{いた}

5 큰 접시에 담는다.

大きい
_{おお}

힌트 접시 皿
_{さら}

6 작은 접시에 담는다.

小さい
_{ちい}

힌트 담다 よそう

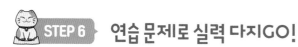

1 음원을 듣고 단어를 받아 써 보세요. 🎧 Track 15-05

   ①   ②

   ③   ④

2 음원을 듣고 문장을 받아 써 보세요. 🎧 Track 15-06

   ①

   ②

3 빈칸에 들어갈 알맞은 표현을 써 보세요.

   ①

프라이팬에 기름을 두른다.

に油をひく。

   ②

豚肉と

돼지고기랑 채소를 볶는다.

。

정답 p143

16 | 운동

 **STEP 1** 단어 알아보 GO!

음원을 들으며 제시된 단어를 따라 읽어 보세요.

🎧 Track 16-01

단어	읽는 법	의미
ジム	지무	몡 헬스장
通_{かよ}う	카요우	퉁 다니다
筋_{きん}トレ	킨토레	몡 근력 운동
ランニング	란닝구	몡 러닝
体重_{たいじゅう}	타이쥬-	몡 체중, 몸무게
はかる	하카루	퉁 (무게·길이·깊이·넓이 등을) 재다
炭水化物_{たんすいかぶつ}	탄스이카부츠	몡 탄수화물
避_さける	사케루	퉁 피하다

 STEP 2 **표현으로 말문 트 GO!**

음원을 들으며 제시된 표현을 따라 읽어 보세요.

듣고 따라 말하기 ☑○○○○

🎧 Track 16-02

①

ジムに<ruby>通<rt>かよ</rt></ruby>う
지 무 니 카요 우

헬스장에 다니다

②

<ruby>筋<rt>きん</rt></ruby>トレする
킨 토 레 스 루

근력 운동 하다

TIP <ruby>筋<rt>きん</rt></ruby>トレ는 <ruby>筋力<rt>きんりょく</rt></ruby>トレーニング의 줄임말이에요.

③

ランニングをする
란 닝 구 오 스 루

러닝을 하다

④

<ruby>体重<rt>たいじゅう</rt></ruby>をはかる
타이 쥬- 오 하 카 루

체중을 재다, 몸무게를 재다

⑤

<ruby>炭水化物<rt>たんすいかぶつ</rt></ruby>を<ruby>避<rt>さ</rt></ruby>ける
탄 스이 카 부츠 오 사 케 루

탄수화물을 피하다

앞에서 배운 표현을 바탕으로 빈칸을 채워 보세요.

정답 p143

보기

<ruby>体重<rt>たいじゅう</rt></ruby>　<ruby>炭水化物<rt>たんすい か ぶつ</rt></ruby>　ランニング　ジム

❶

　　　　　に<ruby>通<rt>かよ</rt></ruby>う

헬스장에 다니다

❷

　　　　　をする

러닝을 하다

❸

　　　　　をはかる

체중을 재다, 몸무게를 재다

❹

　　　　　を<ruby>避<rt>さ</rt></ruby>ける

탄수화물을 피하다

앞에서 배운 표현을 참고하여 확장된 문장을 따라 읽어 보세요.

느리게 🎧 Track 16-03　　보통 🎧 Track 16-04

① **最近ジムに通っている。**
さいきん　かよ
사이 킨 지무 니 카욧 테이루

② **40分間筋トレする。**
よんじゅっぷん かん きん
욘 쥼 풍 캉 킨 토 레 스 루

③ **毎日ランニングをする。**
まいにち
마이 니치 란 닝 구 오 스루

④ **私は毎朝公園でランニングをする。**
わたし　まい あさ こう えん
와타시 와 마이 아사 코- 엔 데 란 닝 구 오 스 루

⑤ **時々体重をはかっている。**
とき どき たいじゅう
토키 도키 타이 쥬- 오 하 캇 테 이 루

⑥ **ダイエットのために炭水化物を避けている。**
たん すい か ぶつ　さ
다 이 엣 토 노 타 메 니 탄 스이 카 부츠 오 사 케 테 이 루

TIP ために 앞에 명사가 올 경우 앞에 の를 붙여요.

우리말 해석은 다음 페이지

📕 새단어

最近 사이킹 🕧 요즘, 최근 | ~間 ~캉 🕧 ~간, ~동안 | 毎朝 마이아사 🕧 매일 아침 | 公園 코-엥 🕧 공원 |
さいきん　　　　　　　　　かん　　　　　　　　　　　　まいあさ　　　　　　　　　　　こうえん
時々 토키도키 😊 가끔 | ダイエット 다이엣토 🕧 다이어트
ときどき

쓰 GO 말해 보 GO!

제시된 우리말을 보고 일본어로 쓰고 말해 보세요.

① 요즘 헬스장에 다니고 있어.

さい きん
最近

힌트 헬스장 ジム

② 40분간 근력 운동해.

よんじゅっぷん かん
40分間

힌트 근력운동 筋トレ
きん

③ 매일 러닝을 해.

まい にち
毎日

힌트 러닝 ランニング

④ 나는 매일 아침 공원에서 러닝을 해.

わたし
私は

힌트 공원 公園
こうえん

⑤ 가끔 몸무게를 재고 있어.

とき どき
時々

힌트 체중, 몸무게 体重
たい じゅう

⑥ 다이어트를 위해서 탄수화물을 피하고 있어.

ダイエットの

힌트 피하다 避ける
さ

STEP 6 연습 문제로 실력 다지GO!

1 음원을 듣고 단어를 받아 써 보세요.   🎧 Track 16-05

   ① ②

   ③ ④

2 음원을 듣고 문장을 받아 써 보세요.   🎧 Track 16-06

   ①

   ②

3 빈칸에 들어갈 알맞은 표현을 써 보세요.

   ①

よ ん じゅっ ぷん か ん
４０分間 　　　　　　　　　　　　　 。

40분간 근력 운동해.

   ②

をはかっている。

가끔 몸무게를 재고 있어.

정답 p143

운동　**109**

CHAPTER

17 | 영화

 STEP 1 단어 알아보 GO!

음원을 들으며 제시된 단어를 따라 읽어 보세요.

🎧 Track 17-01

단어	읽는 법	의미
レビュー	레뷰-	명 리뷰
読む	요무	동 읽다
予約	요야쿠	명 예매, 예약
映画	에-가	명 영화
公開される	코-카이 사레루	동 개봉하다, 개봉되다
見る	미루	동 보다
誘う	사소우	동 부르다, 권유하다

17과 생생 사운드

STEP 2 **표현으로 말문 트 GO!**

듣고 따라 말하기 ☑○○○○

음원을 들으며 제시된 표현을 따라 읽어 보세요.

🎧 Track 17-02

❶

レビューを<ruby>読<rt>よ</rt></ruby>む

레 뷰 - 오 요 무

리뷰를 읽다

❷

<ruby>予<rt>よ</rt></ruby><ruby>約<rt>やく</rt></ruby>する

요 야쿠 스 루

예매하다, 예약하다

❸

<ruby>映<rt>えい</rt></ruby><ruby>画<rt>が</rt></ruby>が<ruby>公<rt>こう</rt></ruby><ruby>開<rt>かい</rt></ruby>される

에 - 가 가 코- 카이 사 레 루

영화가 개봉하다

TIP '개봉하다'는 <ruby>公開<rt>こうかい</rt></ruby>する라고도 하지만 <ruby>公開<rt>こうかい</rt></ruby>される라는 표현을 더 많이 써요.

❹

<ruby>映<rt>えい</rt></ruby><ruby>画<rt>が</rt></ruby>を<ruby>見<rt>み</rt></ruby>に<ruby>行<rt>い</rt></ruby>く

에 - 가 오 미 니 이 쿠

영화를 보러 가다

TIP '동사 ます형+に<ruby>行<rt>い</rt></ruby>く'는 '~하러 가다'라는 의미예요.

❺

<ruby>友<rt>とも</rt></ruby>だちを<ruby>誘<rt>さそ</rt></ruby>う

토모 다 치 오 사소 우

친구를 부르다

앞에서 배운 표현을 바탕으로 빈칸을 채워 보세요.

정답 p144

보기

公開_{こうかい}される   予約_{よやく}   レビュー   友_{とも}だち

❶ _____を読_よむ

리뷰를 읽다

❷ _____する

예매하다, 예약하다

❸ 映画_{えいが}が_____

영화가 개봉하다

❹ _____を誘_{さそ}う

친구를 부르다

앞에서 배운 표현을 참고하여 확장된 문장을 따라 읽어 보세요.

느리게
🎧 Track 17-03

보통
🎧 Track 17-04

① 映画のレビューを読む。
에- 가 노 레 뷰 - 오 요 무

② 新作映画のチケットを予約した。
신 사쿠 에- 가 노 치 켓 토 오 요 야쿠 시 타

③ 好きな監督の映画が公開される。
스 키 나 칸 토쿠 노 에- 가 가 코- 카이 사 레 루

④ 一緒に映画を見に行かない？
잇 쇼 니 에- 가 오 미 니 이 카 나 이

TIP ~ない?는 '~하지 않을래?'라는 의미로 상대방에게 권유할 때 사용해요.

⑤ ホラー映画を見に行かない？
호 라 - 에- 가 오 미 니 이 카 나 이

⑥ 友だちを誘って一緒に映画を見に行った。
토모 다 치 오 사솟 테 잇 쇼 니 에- 가 오 미 니 잇 타

우리말 해석은 다음 페이지

📕 새단어

新作 신사쿠 ⑲ 신작 ｜ チケット 치켓토 ⑲ 티켓 ｜ 好きだ 스키다 (な형) 좋아하다 ｜ 監督 칸토쿠 ⑲ 감독 ｜
一緒に 잇쇼니 ⊕ 같이, 함께 ｜ ホラー 호라- ⑲ 호러, 공포

제시된 우리말을 보고 일본어로 쓰고 말해 보세요.

1 영화 리뷰를 읽는다.

映画の

리뷰 レビュー

2 신작 영화 티켓을 예매했어.

新作

예약, 예매 予約

3 좋아하는 감독의 영화가 개봉해.

好きな

개봉하다 公開される

4 같이 영화를 보러 가지 않을래?

一緒に

보다 見る

5 호러 영화를 보러 가지 않을래?

ホラー

가다 行く

6 친구를 불러서 같이 영화를 보러 갔어.

友だちを

부르다 誘う

STEP 6 연습 문제로 실력 다지GO!

1 음원을 듣고 단어를 받아 써 보세요.　　　　　　　　　　　🎧 Track 17-05

　　❶　　　　　　　　　　　　　　　　❷

　　❸　　　　　　　　　　　　　　　　❹

2 음원을 듣고 문장을 받아 써 보세요.　　　　　　　　　　　🎧 Track 17-06

　　❶

　　❷

3 빈칸에 들어갈 알맞은 표현을 써 보세요.

　　❶

영화 리뷰를 읽는다.

を読^よむ。

　　❷

같이 영화를 보러 가지 않을래?

を見^みに行^いかない?

정답 p144

18 | 쇼핑

 STEP 1 단어 알아보 GO!

음원을 들으며 제시된 단어를 따라 읽어 보세요. 🎧 Track 18-01

단어	읽는 법	의미
試着 しちゃく	시챠쿠	명 시착, 입어 봄
丈 たけ	타케	명 기장
長い なが	나가이	い형 길다
裾上げ すそ あ	스소아게	명 (바지나 치마 등의) 밑단 을 줄이는 것
宅配 たく はい	타쿠하이	명 택배
届く とど	토도쿠	동 도착하다
品切れ しな ぎ	시나기레	명 품절

STEP 2 ▸ 표현으로 말문 트 GO!

듣고 따라 말하기 ☑○○○○

음원을 들으며 제시된 표현을 따라 읽어 보세요.

🎧 Track 18-02

❶

試着する
し ちゃく

시 챠쿠 스 루

TIP '입어보다'는 着てみる라고도 표현할 수 있어요.
　　　　　　き

입어 보다

❷

丈が長い
たけ　　なが

타케 가 나가 이

기장이 길다

❸

裾上げをする
すそ あ

스소 아 게 오 스 루

밑단을 줄이다

❹

宅配が届く
たく はい　　とど

타쿠 하이 가 토도 쿠

TIP 택배처럼 물건이 배송지에 도착함을 나타낼 때는 届く를 사용해요.
　　　　　　　　　　　　　　　　　　　　　　　　　とど

택배가 도착하다

❺

品切れになる
しな ぎ

시나 기 레 니 나루

TIP '명사+になる'는 '~이 되다'라는 의미예요.

품절이 되다, 품절되다

앞에서 배운 표현을 바탕으로 빈칸을 채워 보세요.

정답 p144

보기

すそ あ
裾上げ

なが
長い

しな ぎ
品切れ

とど
届く

①

たけ
丈が ▓▓▓▓▓▓▓

기장이 길다

②

▓▓▓▓▓▓▓ をする

밑단을 줄이다

③

たくはい
宅配が ▓▓▓▓▓

택배가 도착하다

④

▓▓▓▓▓▓▓ になる

품절이 되다, 품절되다

앞에서 배운 표현을 참고하여 확장된 문장을 따라 읽어 보세요.

느리게
🎧 Track 18-03　　보통
🎧 Track 18-04

❶ 試着したらサイズが合わない。

시 챠쿠 시 타 라 사 이 즈 가 아 와 나 이

❷ ズボンの丈が長い。

즈 본　노 타케 가 나가 이

❸ ５センチ裾上げをすることにした。

고　센　치 스소아 게 오 스 루 코 토 니 시 타

TIP ~ことにした는 '~하기로 했다'라는 뜻으로 결심이나 각오를 말할 때 사용해요.

❹ 会社に宅配が届いた。

카이 샤　니 타쿠하이 가 토도 이 타

❺ すぐ品切れになった。

스 구 시나 기 레 니　낫　타

❻ 広告の効果で品切れになった。

코- 코쿠 노 코- 카 데 시나 기 레 니　낫　타

📕 새단어

우리말 해석은 다음 페이지

サイズ 사이즈 ⑱ 사이즈, 치수 | 合う 아우 ⑤ (사이즈·치수 등이) 맞다 | ズボン 즈봉 ⑱ 바지 | センチ 센치 ⑱ 센티미터 | ~ことにする ~코토니스루 ~하기로 하다 | 会社 카이샤 ⑱ 회사 | すぐ 스구 ⑲ 바로, 곧 | 広告 코-코쿠 ⑱ 광고 | 効果 코-카 ⑱ 효과

STEP 5 쓰 **GO** 말해 보 **GO!**

제시된 우리말을 보고 일본어로 쓰고 말해 보세요.

1 입어 봤더니 사이즈가 안 맞아.

試着

_{し ちゃく}

힌트 사이즈 **サイズ**

2 바지 기장이 길다.

ズボンの

힌트 길다 **長い**
_{なが}

3 5센티미터 밑단을 줄이기로 했어.

5センチ
_ご

힌트 밑단을 줄이는 것 **裾上げ**
_{すそ あ}

4 회사에 택배가 도착했어.

会社に
_{かい しゃ}

힌트 택배 **宅配**
_{たく はい}

5 바로 품절이 되었어.

すぐ

힌트 품절 **品切れ**
_{しな ぎ}

6 광고 효과로 품절이 되었어.

広告の
_{こう こく}

힌트 효과 **効果**
_{こう か}

STEP 6 연습 문제로 실력 다지GO!

1. 음원을 듣고 단어를 받아 써 보세요. 🎧 Track 18-05

① ②

③ ④

2. 음원을 듣고 문장을 받아 써 보세요. 🎧 Track 18-06

①

②

3. 빈칸에 들어갈 알맞은 표현을 써 보세요.

①

しちゃく
試着したら　　　　　　　　　　　。

입어 봤더니 사이즈가 안 맞아.

②

すぐ　　　　　　　　　　　。

바로 품절이 되었어.

정답 p144

19 | 연애

 **STEP 1** 단어 알아보 GO!

음원을 들으며 제시된 단어를 따라 읽어 보세요.

🎧 **Track 19-01**

단어	읽는 법	의미
片思い (かた おも)	카타오모이	명 짝사랑
勇気 (ゆう き)	유-키	명 용기
出す (だ)	다스	동 내다(안이나 숨겨진 곳에서 밖으로 꺼냄)
既読になる (き どく)	키도쿠니 나루	동 읽다(1이 사라지다)
気になる (き)	키니 나루	신경이 쓰이다
告白 (こく はく)	코쿠하쿠	명 고백
恋人 (こい びと)	코이비토	명 애인
振る (ふ)	후루	동 차다

STEP 2 ▸ 표현으로 말문 트 GO!

듣고 따라 말하기 ☑○○○○

음원을 들으며 제시된 표현을 따라 읽어 보세요.

🎧 Track 19-02

❶

^{かた おも}
片思いをする

카타 오모 이 오 스 루

짝사랑을 하다

❷

^{ゆう き　　だ}
勇気を出す

유- 키 오 다 스

용기를 내다

❸

^{き どく}
既読になる

키 도쿠 니 나 루

읽다(1이 사라지다)

> **TIP** 일본에서 잘 쓰는 메시지앱은 상대방이 읽으면 既読^{きどく}라는 글이 뜨기 때문에 이 표현을 사용해요.

❹

^き
気になる

키 니 나 루

신경이 쓰이다

❺

^{こく はく}
告白する

코쿠 하쿠 스 루

고백하다

❻

^{こいびと　　ふ}
恋人を振る

코이 비토 오 후 루

애인을 차다

앞에서 배운 표현을 바탕으로 빈칸을 채워 보세요.

정답 p145

보기

かた おも
片思い

き どく
既読

だ
出す

こく はく
告白

❶

　　　　　　をする

짝사랑을 하다

❷

ゆう き
勇気を

용기를 내다

❸

　　　　　　になる

읽다(1이 사라지다)

❹

　　　　　　する

고백하다

앞에서 배운 표현을 참고하여 확장된 문장을 따라 읽어 보세요.

느리게 🎧 Track 19-03   보통 🎧 Track 19-04

① ３年間片思いをしている。
산 넹 캉 카타오모 이 오 시 테 이 루

② 勇気を出して連絡した。
유- 키 오 다 시 테 렌 라쿠 시 타

③ まだ既読にならない。
마 다 키 도쿠 니 나 라 나 이

④ なかなか既読にならない。
나 카 나 카 키 도쿠 니 나 라 나 이

⑤ 気になる人がいるんだ。
키 니 나 루 히토 가 이 룬 다

TIP ~んだ는 '~거든, ~거야'라는 뜻으로 사정을 설명하거나 이유를 말할 때 사용해요.

⑥ そろそろ告白しようと思っている。
소 로 소 로 코쿠 하쿠 시 요 – 토 오못 테 이 루

TIP ~(よ)うと思っている는 '~하려고 생각하고 있다'라는 뜻이에요.

우리말 해석은 다음 페이지

🔖 **새단어**

~年 ~넹 땡 ~년 ǀ 連絡する 렌라쿠 스루 ⑤ 연락하다 ǀ まだ 마다 ㉮ 아직 ǀ なかなか 나카나카 ㉮ 좀처럼 ǀ
人 히토 땡 사람 ǀ いる 이루 ⑤ (사람이나 동물이) 있다 ǀ ~んだ ~은다 ~거든, ~거야 ǀ そろそろ 소로소로
㉮ 슬슬(서서히 일을 진행시키는 모양)

쓰 GO 말해 보 GO!

제시된 우리말을 보고 일본어로 쓰고 말해 보세요.

① 3년 동안 짝사랑을 하고 있어.

さんねんかん
3年間

힌트 짝사랑 片思い

② 용기를 내서 연락했어.

ゆうき
勇気を

힌트 연락하다 連絡する

③ 아직 안 읽는다(1이 안 사라진다).

まだ

힌트 읽다 既読になる

④ 좀처럼 안 읽는다(1이 안 사라진다).

なかなか

힌트 좀처럼 なかなか

⑤ 신경이 쓰이는 사람이 있거든.

き
気になる

힌트 (사람이나 동물이) 있다 いる

⑥ 슬슬 고백하려고 생각하고 있어.

そろそろ

힌트 고백 告白

STEP 6 연습 문제로 실력 다지GO!

1 음원을 듣고 단어를 받아 써 보세요.   🎧 Track 19-05

　① 　　　　　　　　　　　　　　②

　③ 　　　　　　　　　　　　　　④

2 음원을 듣고 문장을 받아 써 보세요.   🎧 Track 19-06

　①

　②

3 빈칸에 들어갈 알맞은 표현을 써 보세요.

①

さんねんかん
3年間
　　　　　　　　　　　　　　　　　　　　　　　　　　。

3년 동안 짝사랑을 하고 있어.

②

がいるんだ。

신경이 쓰이는 사람이 있거든.

(정답 p145)

연애 **127**

20 | 취침

STEP 1 단어 알아보 GO!

음원을 들으며 제시된 단어를 따라 읽어 보세요.

🎧 Track 20-01

단어	읽는 법	의미
<ruby>音<rt>おん</rt></ruby><ruby>楽<rt>がく</rt></ruby>	옹가쿠	몡 음악
<ruby>聴<rt>き</rt></ruby>く	키쿠	동 듣다
<ruby>横<rt>よこ</rt></ruby>になる	요코니 나루	동 눕다
リラックス	리락쿠스	몡 편히 쉼, 마음이 편안함
できる	데키루	동 할 수 있다
<ruby>化<rt>け</rt></ruby><ruby>粧<rt>しょう</rt></ruby>	케쇼-	몡 화장
<ruby>落<rt>お</rt></ruby>とす	오토스	동 지우다
<ruby>眠<rt>ねむ</rt></ruby><ruby>気<rt>け</rt></ruby>	네무케	몡 졸음, 잠
おそわれる	오소와레루	동 (졸음이) 쏟아지다, 습격당하다
<ruby>夜<rt>や</rt></ruby><ruby>食<rt>しょく</rt></ruby>	야쇼쿠	몡 야식

STEP 2 표현으로 말문트 GO!

음원을 들으며 제시된 표현을 따라 읽어 보세요.

🎧 Track 20-02

①

おんがく き
音楽を聴く

옹 가쿠 오 키 쿠

음악을 듣다

②

よこ
横になる

요코 니 나 루

눕다

③

リラックスできる

리 락 쿠 스 데 키 루

편히 쉴 수 있다,
마음이 편안해지다

> **TIP** リラックスできる는 직역하면 '릴랙스 할 수 있다' 즉 '편히 쉴 수 있다,
> 마음이 편안해지다'라는 뜻을 나타내요.

④

け しょう お
化粧を落とす

케 쇼- 오 오 토 스

화장을 지우다

⑤

ねむ け
眠気におそわれる

네무 케 니 오 소 와 레 루

졸음이 쏟아지다

> **TIP** おそわれる는 본래 '습격 당하다'라는 뜻이지만, 眠気(ねむけ)와 함께 쓰이면
> '졸음이 쏟아지다'라는 뜻이 돼요.

⑥

や しょく た
夜食を食べる

야 쇼쿠 오 타 베 루

야식을 먹다

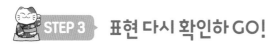
STEP 3 표현 다시 확인하 GO!

앞에서 배운 표현을 바탕으로 빈칸을 채워 보세요.

정답 p145

보기

落_おとす　　おそわれる　　リラックス　　聴_きく

① 音_{おんがく}楽を＿＿＿＿

음악을 듣다

② ＿＿＿＿できる

편히 쉴 수 있다, 마음이 편안해지다

③ 化_{けしょう}粧を＿＿＿＿

화장을 지우다

④ 眠_{ねむけ}気に＿＿＿＿

졸음이 쏟아지다

반복 훈련하기 ☑◯◯◯◯

앞에서 배운 표현을 참고하여 확장된 문장을 따라 읽어 보세요.

느리게 🎧 Track 20-03   보통 🎧 Track 20-04

① 目を閉じて音楽を聴く。
메 오 토 지 테 옹 가쿠 오 키 쿠

② パジャマを着てベッドに横になる。
파 쟈 마 오 키 테 벳 도 니 요코 니 나루

③ 実家はリラックスできる。
직 카 와 리 락 쿠 스 데 키 루

④ 寝る前に化粧を落とさないと。
네 루 마에 니 케 쇼- 오 오 토 사 나 이 토

TIP '동사의 기본형+前に'는 '~하기 전에'라는 뜻이며,
~ないと는 '~해야한다'라는 뜻으로 ないといけない의 줄임말이에요.

⑤ このカフェはリラックスできる。
코 노 카 훼 와 리 락 쿠 스 데 키 루

⑥ すぐ眠気におそわれちゃう。
스 구 네무 케 니 오 소 와 레 챠 우

TIP ~てしまう는 '~해 버리다'라는 뜻으로 줄여서 ~ちゃう라고도 말할 수 있어요.

📑 새단어

우리말 해석은 다음 페이지

閉じる 토지루 ⑤ (눈을) 감다 | パジャマ 파쟈마 ⑲ 파자마, 잠옷 | 着る 키루 ⑤ (옷을) 입다 | ベッド 벳도 ⑲ 침대 | 実家 직카 ⑲ 본가 | 寝る 네루 ⑤ (잠을) 자다 | ~前に ~마에니 ~하기 전에 | ~ないと ~나이토 ~해야 한다

제시된 우리말을 보고 일본어로 쓰고 말해 보세요.

① 눈을 감고 음악을 듣는다.

目を

> 음악 音楽

② 파자마를 입고 침대에 눕는다.

パジャマを

> (옷을) 입다 着る

③ 본가는 편히 쉴 수 있어.

実家は

> 할수있다 できる

④ 자기 전에 화장을 지워야 해.

寝る前に

> 지우다 落とす

⑤ 이 카페는 편히 쉴 수 있어.

この

> 카페 カフェ

⑥ 바로 졸음이 쏟아져.

すぐ

> (졸음이) 쏟아지다 おそわれる

1 음원을 듣고 단어를 받아 써 보세요. 🎧 Track 20-05

① ②

③ ④

2 음원을 듣고 문장을 받아 써 보세요. 🎧 Track 20-06

①

②

3 빈칸에 들어갈 알맞은 표현을 써 보세요.

①

目を閉じて　　　　　　　　　　　。
め　　と

눈을 감고 음악을 듣는다.

②

を落とさないと。
お

자기 전에 화장을 지워야 해.

정답 p145

GO! 독학
일본어 일상 표현
222

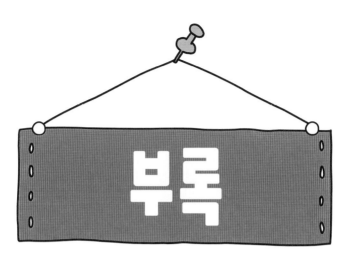

○······ **1 기상**

STEP 3 표현 다시 확인하GO!

① 鳴る   ② 止める   ③ 早起き   ④ 寝坊

STEP 6 연습 문제로 실력 다지GO!

1 ① アラーム   ② 目   ③ 覚める   ④ 毎日

2 ① ７時にアラームが鳴った。

    ② 毎日早起きする。

3 ① 止めてしまった   ② 寝坊をして

○······ **2 세수**

STEP 3 표현 다시 확인하GO!

① 顔   ② 毛   ③ 髪   ④ 磨く

STEP 6 연습 문제로 실력 다지GO!

1 ① 洗う   ② そる   ③ シャワー   ④ 歯

2 ① きれいに顔を洗う。

    ② 歯を磨いてから、顔を洗う。

3 ① 朝にシャワー   ② ドライヤーで

○ ...... **3 아침**

STEP 3 표현 다시 확인하GO!

① プロテイン ② ダイエット ③ 食欲（しょくよく） ④ 朝（あさ）ご飯（はん）

STEP 6 연습 문제로 실력 다지GO!

1 ① 食（た）べる ② 飲（の）む ③ ない ④ ぬく

2 ① 今朝（けさ）、プロテインを飲（の）んだよ。

② あまり食欲（しょくよく）がない。

3 ① 毎日（まいにち）、朝（あさ）ご飯（はん） ② 今（いま）、ダイエット

○ ...... **4 외출**

STEP 3 표현 다시 확인하GO!

① 降（ふ）る ② 持（も）ってくる ③ 日焼（ひや）け止（ど）め ④ 電気（でんき）

STEP 6 연습 문제로 실력 다지GO!

1 ① 天気予報（てんきよほう） ② 確認（かくにん）する ③ 雨（あめ） ④ 消（け）す

2 ① 午後（ごご）から雨（あめ）が降（ふ）るらしいよ。

② 上着（うわぎ）を持（も）ってきた。

3 ① 今日（きょう）の天気予報（てんきよほう） ② 日焼（ひや）け止（ど）めをぬった

○······ 5 **이동**

STEP 3 표현 다시 확인하GO!

① タクシー ② 道 (みち) ③ 遅 (おく) れる ④ 席 (せき)

STEP 6 연습 문제로 실력 다지GO!

1 ① 拾 (ひろ) う ② こむ ③ ゆずる ④ バス

2 ① やっとタクシーを拾 (ひろ) った。

② 地下鉄 (ちかてつ) からバスに乗 (の) り換 (か) えた。

3 ① 乗 (の) り換 (か) えた ② 席 (せき) をゆずった

○······ 6 **대학**

STEP 3 표현 다시 확인하GO!

① 資格 (しかく) ② 就職 (しゅうしょく) ③ 時間割 (じかんわり) ④ 飲 (の) み会 (かい)

STEP 6 연습 문제로 실력 다지GO!

1 ① 就活 (しゅうかつ) ② とる ③ 組 (く) む ④ 出 (で) る

2 ① 前期 (ぜんき) の時間割 (じかんわり) を組 (く) む。

② たまに飲 (の) み会 (かい) に出 (で) る。

3 ① 就活 (しゅうかつ) している ② よく飲 (の) み会 (かい)

○······ 7 회사

STEP 3 표현 다시 확인하GO!

ⓐ 電話_{でんわ}　　ⓑ 打_うち合_あわせ　　ⓒ コピー　　ⓓ 引_ひき継_つぐ

STEP 6 연습 문제로 실력 다지GO!

1️⃣　ⓐ 出_でる　　ⓑ バタバタする　　ⓒ 業務_{ぎょうむ}　　ⓓ 先輩_{せんぱい}

2️⃣　ⓐ 17時_{じゅうしちじ}に打_うち合_あわせをする。
　　ⓑ 後輩_{こうはい}に業務_{ぎょうむ}を引_ひき継_ついだよ。

3️⃣　ⓐ 資料_{しりょう}をコピー　　ⓑ バタバタしている。

○······ 8 점심

STEP 3 표현 다시 확인하GO!

ⓐ 席_{せき}　　ⓑ 食券_{しょっけん}　　ⓒ 簡単_{かんたん}に　　ⓓ 待_まつ

STEP 6 연습 문제로 실력 다지GO!

1️⃣　ⓐ 買_かう　　ⓑ 済_すませる　　ⓒ 並_{なら}ぶ　　ⓓ 割_わり勘_{かん}

2️⃣　ⓐ いい席_{せき}をとる。
　　ⓑ 食券_{しょっけん}を買_かって店員_{てんいん}に出_だす。

3️⃣　ⓐ おにぎりで簡単_{かんたん}に　　ⓑ 割_わり勘_{かん}する。

○······ **9 카페**

STEP 3 **표현 다시 확인하GO!**

① 飲み物　　② 注文　　③ 追加　　④ テイクアウト

STEP 6 **연습 문제로 실력 다지GO!**

① ① 選ぶ　② 少なめに　③ 冷たい　④ 温かい

② ① 温かい飲み物を選んだ。

　② 氷を少なめにするよ。

③ ① 注文する　　② ホイップ

○······ **10 업무**

STEP 3 **표현 다시 확인하GO!**

① 残業　　② 定時退社　　③ 頼まれる　　④ 行く

STEP 6 **연습 문제로 실력 다지GO!**

① ① 退社　② 仕事　③ 転職　④ 出張

② ① どうしても定時退社したい。

　② 私はたまに出張に行く。

③ ① 残業した　　② 転職したい

STEP 3 표현 다시 확인하GO!

① レポート ② とる ③ <ruby>落<rt>お</rt></ruby>とす ④ コピペ

STEP 6 연습 문제로 실력 다지GO!

① ① <ruby>勉強<rt>べんきょう</rt></ruby> ② <ruby>単位<rt>たんい</rt></ruby> ③ カフェ ④ <ruby>書<rt>か</rt></ruby>く

② ① カフェで<ruby>勉強<rt>べんきょう</rt></ruby>する。

② <ruby>明日<rt>あした</rt></ruby>までにレポートを<ruby>出<rt>だ</rt></ruby>さないといけない。

③ ① <ruby>勉強<rt>べんきょう</rt></ruby>する ② <ruby>経済学<rt>けいざいがく</rt></ruby>の<ruby>単位<rt>たんい</rt></ruby>

○······ 12 **스마트폰**

STEP 3 표현 다시 확인하GO!

① フィルム ② バッテリー ③ スマホ ④ <ruby>割<rt>わ</rt></ruby>れる

STEP 6 연습 문제로 실력 다지GO!

① ① <ruby>貼<rt>は</rt></ruby>る ② <ruby>充電<rt>じゅうでん</rt></ruby> ③ <ruby>切<rt>き</rt></ruby>れる ④ <ruby>液晶<rt>えきしょう</rt></ruby>

② ① <ruby>液晶<rt>えきしょう</rt></ruby>にフィルムを<ruby>貼<rt>は</rt></ruby>った。

② スマホのバッテリーが<ruby>切<rt>き</rt></ruby>れた。

③ ① モバイルバッテリーで ② <ruby>割<rt>わ</rt></ruby>れてしまった

○······ 13 SNS

STEP 3 표현 다시 확인하GO!

① 投稿（とうこう）　② 写真（しゃしん）　③ フォロワー　④ 人気（にんき）

STEP 6 연습 문제로 실력 다지GO!

1 ① 撮（と）る　② 増（ふ）える　③ いいね　④ 押（お）す

2 ① 写真（しゃしん）を撮（と）って投稿（とうこう）する。

② かなりフォロワーが増（ふ）えた。

3 ① 投稿（とうこう）した　② 押（お）してね

○······ 14 가사

STEP 3 표현 다시 확인하GO!

① 掃除機（そうじき）　② ハンガー　③ 乾燥機（かんそうき）　④ 出（だ）す

STEP 6 연습 문제로 실력 다지GO!

1 ① 洗濯（せんたく）　② かける　③ ゴミ　④ タオル

2 ① ハンガーにかけて干（ほ）す。

② タオルや靴下（くつした）は乾燥機（かんそうき）にかける。

3 ① 洗濯（せんたく）する　② 毎日掃除機（まいにちそうじき）

○·····(15 **저녁**)

STEP 3 표현 다시 확인하GO!

① 炊^たく　　② 油^{あぶら}　　③ 炒^{いた}める　　④ よそう

STEP 6 연습 문제로 실력 다지GO!

1 ① ご飯^{はん}　② ひく　③ 味付^{あじつ}け　④ 野菜^{やさい}

2 ① 今朝^{けさ}、ご飯^{はんた}を炊いた。

　　② 塩^{しお}コショウで味付^{あじつ}けをしたらできあがり！

3 ① フライパン　　② 野菜^{やさい}を炒^{いた}める

○·····(16 **운동**)

STEP 3 표현 다시 확인하GO!

① ジム　　② ランニング　　③ 体重^{たいじゅう}　　④ 炭水化物^{たんすいかぶつ}

STEP 6 연습 문제로 실력 다지GO!

1 ① 通^{かよ}う　② 筋^{きん}トレ　③ はかる　④ 避^さける

2 ① 最近^{さいきん}ジムに通^{かよ}っている。

　　② 毎日^{まいにち}ランニングをする。

3 ① 筋^{きん}トレする　　② 時々体重^{ときどきたいじゅう}

○······ 17 영화

STEP 3 표현 다시 확인하GO!

① レビュー　② 予約{よやく}　③ 公開{こうかい}される　④ 友{とも}だち

STEP 6 연습 문제로 실력 다지GO!

1 ① 読{よ}む　② 映画{えいが}　③ 見{み}る　④ 誘{さそ}う

2 ① 好{す}きな監督{かんとく}の映画{えいが}が公開{こうかい}される。

　② ホラー映画{えいが}を見{み}に行{い}かない？

3 ① 映画{えいが}のレビュー　② 一緒{いっしょ}に映画{えいが}

○······ 18 쇼핑

STEP 3 표현 다시 확인하GO!

① 長{なが}い　② 裾上{すそあ}げ　③ 届{とど}く　④ 品切{しなぎ}れ

STEP 6 연습 문제로 실력 다지GO!

1 ① 試着{しちゃく}　② 丈{たけ}　③ 宅配{たくはい}　④ ズボン

2 ① 会社{かいしゃ}に宅配{たくはい}が届{とど}いた。

　② ズボンの丈{たけ}が長{なが}い。

3 ① サイズが合{あ}わない　② 品切{しなぎ}れになった

STEP 3 표현 다시 확인하GO!

① 片思_{かたおも}い   ② 出_だす   ③ 既読_{きどく}   ④ 告白_{こくはく}

STEP 6 연습 문제로 실력 다지GO!

1 ① 勇気_{ゆうき}   ② 気_きになる   ③ 連絡_{れんらく}する   ④ そろそろ

2 ① 勇気_{ゆうき}を出_だして連絡_{れんらく}した。

② そろそろ告白_{こくはく}しようと思_{おも}っている。

3 ① 片思_{かたおも}いをしている   ② 気_きになる人_{ひと}

---

20 취침

STEP 3 표현 다시 확인하GO!

① 聴_きく   ② リラックス   ③ 落_おとす   ④ おそわれる

STEP 6 연습 문제로 실력 다지GO!

1 ① 音楽_{おんがく}   ② 横_{よこ}になる   ③ できる   ④ 化粧_{けしょう}

2 ① このカフェはリラックスできる。

② すぐ眠気_{ねむけ}におそわれちゃう。

3 ① 音楽_{おんがく}を聴_きく   ② 寝_ねる前_{まえ}に化粧_{けしょう}

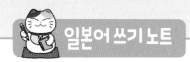

다음 제시된 일본어 문장을 한국어로 써 보세요.

① 7時にアラームが鳴った。
しち じ　　　　　　　　　　な

② アラームが鳴って目が覚めた。
　　　　　　な　　め　さ

③ 寝坊をして遅刻した。
ね ぼう　　　　ち こく

④ きれいに顔を洗う。
　　　　か お　あら

⑤ ひげをそった。

⑥ 歯を磨いてから、髪を洗う。
は　みが　　　　　　かみ　あら

다음 제시된 한국어 문장을 일본어로 써 보고 말해 보세요.

① 7시에 알람이 울렸어.

② 알람이 울려서 눈이 떠졌어(잠이 깼어).

③ 늦잠을 자서 지각했어.

④ 깨끗하게 세수해.

⑤ 수염을 깎았어.

⑥ 이를 닦고 나서 머리를 감아.

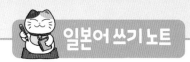
다음 제시된 일본어 문장을 한국어로 써 보세요.

⑦ 今朝、プロテインを飲んだよ。

⑧ あまり食欲がない。

⑨ 時間がなくて、朝ご飯をぬいている。

⑩ 午後から雨が降るらしいよ。

⑪ 上着を持ってきた。

⑫ 部屋の電気を消した。

다음 제시된 한국어 문장을 일본어로 써 보고 말해 보세요.

⑦ 오늘 아침에 프로틴을 마셨어.

⑧ 별로 식욕이 없어.

⑨ 시간이 없어서 아침(밥)을 거르고 있어.

⑩ 오후부터 비가 온대.

⑪ 겉옷을 챙겨왔어.

⑫ 방 불을 껐어.

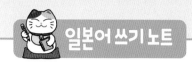

다음 제시된 일본어 문장을 한국어로 써 보세요.

⑬ やっとタクシーを拾った。

⑭ すごく道がこんでいる。

⑮ 地下鉄からバスに乗り換えた。

⑯ 就職するために資格をとる。

⑰ 前期の時間割を組む。

⑱ たまに飲み会に出る。

다음 제시된 한국어 문장을 일본어로 써 보고 말해 보세요.

⑬ 겨우 택시를 잡았어.

⑭ 굉장히 길이 막혀.

⑮ 지하철에서 버스로 갈아탔어.

⑯ 취직하기 위해서 자격증을 따.

⑰ 1학기 시간표를 짜.

⑱ 가끔 술자리에 나가.

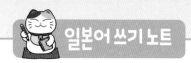

다음 제시된 일본어 문장을 한국어로 써 보세요.

⑲ 17時に打ち合わせをする。

⑳ 朝からバタバタしている。

㉑ 後輩に業務を引き継いだよ。

㉒ いい席をとる。

㉓ 並んで待つからいや。

㉔ ランチを割り勘した。

다음 제시된 한국어 문장을 일본어로 써 보고 말해 보세요.

⑲ 17시에 미팅을 해.

⑳ 아침부터 정신없이 바빠.

㉑ 후배에게 업무를 인수인계했어.

㉒ 좋은 자리를 잡는다.

㉓ 줄 서서 기다리니까 싫어.

㉔ 점심을 더치페이했어.

다음 제시된 일본어 문장을 한국어로 써 보세요.

㉕ 冷たい飲み物を選んだ。

㉖ 氷を少なめにするよ。

㉗ サンドイッチをテイクアウトしてきた。

㉘ どうしても定時退社したい。

㉙ 部長に仕事を頼まれた。

㉚ 一週間に一回出張に行く。

다음 제시된 한국어 문장을 일본어로 써 보고 말해 보세요.

㉕ 차가운 음료를 골랐어.

㉖ 얼음을 적게 해.

㉗ 샌드위치를 테이크아웃해 왔어.

㉘ 어떻게 해서든 칼퇴하고 싶어.

㉙ 부장님에게 일을 부탁받았어.

㉚ 일주일에 한 번 출장을 가.

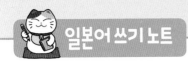

다음 제시된 일본어 문장을 한국어로 써 보세요.

㉛ カフェで勉強する。

㉜ 明日までにレポートを出さないといけない。

㉝ 書類をコピペして書く。

㉞ 液晶にフィルムを貼った。

㉟ スマホのバッテリーが切れた。

㊱ 床にスマホを落とした。

다음 제시된 한국어 문장을 일본어로 써 보고 말해 보세요.

㉛ 카페에서 공부할 거야.

㉜ 내일까지 리포트를 내야 해.

㉝ 서류를 복붙해서 쓴다.

㉞ 액정에 필름을 붙였어.

㉟ 스마트폰 배터리가 나갔어.

㊱ 바닥에 스마트폰을 떨어뜨렸어.

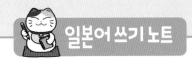

다음 제시된 일본어 문장을 한국어로 써 보세요.

③⑦ 写真を撮って投稿する。

③⑧ かなりフォロワーが増えた。

③⑨ 人気があるカフェに行く。

④⓪ ハンガーにかけて干す。

④① タオルや靴下は乾燥機にかける。

④② 家を出る時にゴミを出す。

다음 제시된 한국어 문장을 일본어로 써 보고 말해 보세요.

③⑦ 사진을 찍어서 업로드 할 거야.

③⑧ 꽤 팔로워가 늘었어.

③⑨ 인기가 있는 카페에 가.

④⓪ 옷걸이에 걸어서 말린다.

④① 수건이나 양말은 건조기에 돌린다.

④② 집을 나갈 때에 쓰레기를 내놓는다.

다음 제시된 일본어 문장을 한국어로 써 보세요.

㊸ 今朝、ご飯を炊いた。

㊹ 塩コショウで味付けをしたらできあがり！

㊺ 小さい皿によそう。

㊻ 最近ジムに通っている。

㊼ 毎日ランニングをする。

㊽ ダイエットのために炭水化物を避けている。

다음 제시된 한국어 문장을 일본어로 써 보고 말해 보세요.

43 오늘 아침 밥을 지었다.

44 소금과 후추로 간을 하면 완성!

45 작은 접시에 담는다.

46 요즘 헬스장에 다니고 있어.

47 매일 러닝을 해.

48 다이어트를 위해서 탄수화물을 피하고 있어.

다음 제시된 일본어 문장을 한국어로 써 보세요.

49 新作映画のチケットを予約した。

50 好きな監督の映画が公開される。

51 友だちを誘って一緒に映画を見に行った。

52 5センチ裾上げをすることにした。

53 会社に宅配が届いた。

54 すぐ品切れになった。

다음 제시된 한국어 문장을 일본어로 써 보고 말해 보세요.

49 신직 영화 디켓을 에매했어.

50 좋아하는 감독의 영화가 개봉해.

51 친구를 불러서 같이 영화를 보러 갔어.

52 5센티미터 밑단을 줄이기로 했어.

53 회사에 택배가 도착했어.

54 바로 품절이 되었어.

일본어 쓰기 노트

다음 제시된 일본어 문장을 한국어로 써 보세요.

(55) 勇気(ゆうき)を出(だ)して連絡(れんらく)した。

(56) まだ既読(きどく)にならない。

(57) そろそろ告白(こくはく)しようと思(おも)っている。

(58) パジャマを着(き)てベッドに横(よこ)になる。

(59) このカフェはリラックスできる。

(60) すぐ眠気(ねむけ)におそわれちゃう。

다음 제시된 한국어 문장을 일본어로 써 보고 말해 보세요.

⑤⑤   용기를 내서 연락했어.

⑤⑥   아직 안 읽는다(1이 안 사라진다).

⑤⑦   슬슬 고백하려고 생각하고 있어.

⑤⑧   파자마를 입고 침대에 눕는다.

⑤⑨   이 카페는 편히 쉴 수 있어.

⑥⓪   바로 졸음이 쏟아져.

메모

메모